NEW 와꾸와꾸 일본어 中級 1

초판 1쇄 인쇄: 2012년 7월 2일
초판 2쇄 발행: 2015년 7월 9일

지은이 | 원미령 · 고이데 아야(小出亜弥)
발행인 | 김용부
발행처 | 글로벌 문화원
주소 | 서울시 종로구 관철동 11-19 글로벌 빌딩 4층
전화 | 02) 725-8282
팩스 | 02) 753-6969
홈페이지 | http://www.the-global.co.kr
등록번호 | 제 2-407
등록일자 | 1987년 12월 15일

기획총괄 | 이경헌
편집 | 임형경
디자인 | DesignDidot 디자인디도
일러스트 | Plug 플러그

ISBN 978-89-8233-225-8 14730
Set   978-89-8233-221-0 14730

※ 이 교재의 내용을 사전 동의나 허가 없이 무단으로 복사, 복제, 전재하는 것은 저작권법에 저촉되며, 법적인 제재를 받게 됨을 알려 드립니다.
Copyright©2012 by Global Culture Center Co. All rights reserved.
First edition printed in 2012, Korea.

New ワクワク日本語 中級1

와꾸와꾸 일/본/어

원미령·고이데 아야 공저

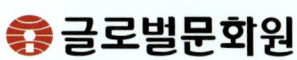
글로벌문화원

この本をお使いになる方へ

　本書は、初級段階を終えた学習者が無理なく日本語の会話を身に付けられることを目標に執筆された『ワクワク日本語21中級』の改訂版である。

　まず、新しい文型を導入するにあたって、その文型が使われる場面や状況を学習者が容易に理解できるよう、全面カラーのイラストをふんだんに用いた。イラストを活用することにより、学習者は与えられた文章の意味をより確実に把握することができるだろう。ぜひイラストを十分吟味しながら学習してほしい。

　また、文法および文型においては、[Check Point]を参考に、与えられた課題を遂行する中で自然に習得し、教室で学んだことを実際の場面で活用できるよう配慮した。練習の際に実際に自分が現実の状況にいることを想像しながら課題をこなせば、学習効果は倍増するだろう。

　外国語を学ぶ上で、その言語自体を身に付けることも大切ではあるが、その言語が使用される環境を理解することも必要である。本書では、限られた語彙の範囲内ではあるが、日本の文化および事情について紹介することにより、学習者が学習意欲を維持できるよう努力した。

　改訂前との違いは、1つの課で学ぶ文法項目が少なくなったと同時に課の数が多くなった点、新しく学ぶ文法項目には簡単な説明が入り、全体的に易しくなった点、そして、別冊だった聴解問題が各課の最後に入った点である。なお、語彙に関しては、日本語関連の試験に必要な語彙をおさえてあるので、会話を学ぶと同時に試験に備えることもできるだろう。

中級1の構成

本書は、中級1(unit1～unit10)の10ユニットで構成されている。

- **Lesson Plan**：そのユニットで学習者が達成すべきコミュニケーション能力を提示した。
- **Activity**：そのユニットの学習目標を達成するために必要な文型を練習する。
- **Check Point**：新しく学ぶ文法事項を、例文を通して身に付ける。
- **Check Up**：Activityで学んだ文型が理解できたかどうか確認する。
- **Conversation**：Activityで学習した文型が使われている会話文で会話を練習する。
- **Role Play**：ある場面を想定し、各自与えられたそれぞれの役を演じながらコミュニケーション能力を身に付ける。
- **Listening**：会話を聞き取り、その内容を理解することで、そのユニットで学習した文型を正しく理解しているか確認する。
- **Reading**：読み物を通して日本の文化や事情を知る。

この本で扱う内容

UNIT	学習目標	文法 ＆ 表現
1	・動詞の可能形を使って話す ・可能表現を習得する	・～ができる ・～が分かる ・～ことができる ・動詞の可能形
2	・人から聞いた話や情報を伝える ・情報を根拠に話す	・～そうだ ・～と言っていました ・～によると、～そうだ ・～らしい(伝聞)
3	・意志を伝える ・未来の予定について話す	・動詞の意志形(～(よ)う) ・～(よ)うと思う ・～(よ)うと思っている ・～予定 ・～つもり
4	・動詞を使って、状態の変化について話す ・目標のために努力することについて話す	・～(する)ようになる ・～(し)なくなる ・～(する)ようにする ・～(し)ないようにする
5	・状態の変化について話す ・人為的行為の結果について話す	・～てくる ・～ていく ・自動詞＋ている(状態) ・他動詞＋てある(状態)
6	・度を超えた状態について話す ・完了することを話す ・残念、または後悔する気持ちを話す ・他の人に望むことを話す	・～すぎる／すぎだ ・～てしまう(でしまう) ・～ちゃう(じゃう) ・～てほしい ・～ないでほしい
7	・仮定して話す ・提案する ・発見したことについて話す	・～たら＋現在形 ・～たらどう(ですか) ・～たら＋過去形
8	・例えて話す ・例を示す ・典型的な性質を表す	・(まるで)～ようだ(比喩) ・(まるで)～みたいだ(比喩) ・～ような(ように)(例示) ・～みたいな(みたいに)(例示) ・名詞＋らしい
9	・条件を仮定して話す ・条件について話す ・進行に伴う変化について話す	・～なら ・～ば ・～ば～ほど
10	・義務や必要性について話す ・規則や慣例について話す ・必要性の有無について話す	・～なければならない ・～ないといけない(だめだ) ・～ことになっている ・～なくてもいい

Activity	Role Play	Reading
1. できること、できないことについて話してみましょう 2. できることに〇、できないことに×を書いてください 3. できるかどうか聞いてみましょう	・面接を受ける	青春18きっぷ
1. どんな話を聞きましたか 2. 何と言っていましたか 3. 情報を根拠に話してみましょう	・うわさ話をする	
1. 自分の意志を伝えてみましょう 2. これからどうしますか 3. 予定について話してみましょう	・将来について話す	年末ジャンボ宝くじ
1. どう変わりましたか 2. 変わったことについて話してみましょう 3. これからどのように努力しますか	・ダイエットの相談をする	
1. どのように変わってきましたか 2. これからどのように変わるでしょうか 3. どういう状態ですか	・未来を予測する	イクメン
1. 度を超えた状態を言ってみましょう 2. 完了、または後悔していることを話してみましょう 3. 願望を伝えましょう	・願望を伝える	
1. 仮定して話してみましょう 2. 提案してみましょう 3. 発見したことについて話してみましょう	・お付き合いを勧める	裸祭り(岩手県　黒石寺)
1. 何かに例えて表現してみましょう 2. 例を挙げて言ってみましょう 3. ふさわしさについて話してみましょう	・新居について説明する	
1. 条件を仮定して言ってみましょう 2. 条件を言ってみましょう 3. 進行に伴う変化について話してみましょう	・条件を言う	はとバス
1. 義務について話してみましょう 2. 規則や慣例について話してみましょう 3. 必要性の有無について話してみましょう	・ふられない方法について話す	

この本の構成と使い方

- **Lesson Plan**
  このユニットで学ぶ学習目標を提示しています。

- **Check up**
  Activityで学んだ文型が理解できたかどうか確認してみましょう。

- **Activity**
  色々な場面を、イラストを使って練習してみましょう。

- **Check Point**
  例文を通して新しい文法を身につけましょう。

- **Vocabulary**
  新しく出た単語を身につけましょう。

- **Role Play**
  二人でペアになって実際に会話をしてみましょう。

- **Conversation**
  Activityで学習した文型が入った会話文で会話の練習をしてみましょう。

- **Excercise**

  学習した文型を、問題を通して確認してみましょう。

- **Listening**

  学習した内容の入った聴解問題にトライしてみましょう。

- **Reading**

  日本の文化に関する紹介文を読んでみましょう。

品詞の記号＆活用形

この本では使われている品詞と活用形を分かりやすく記号で表しました。

品詞の記号＆活用形		例
N	名詞	先生、かばん
N-ない	名詞・ない形	先生ではない
N-た	名詞・た形	先生だった
ナA	な形容詞	静かだ
ナA-ない	な形容詞・ない形	静かではない
ナA-た	な形容詞・た形	静かだった
イA	い形容詞	やさしい
イA-て	い形容詞・て形	やさしくて
イA-モ	い形容詞・(て)形	やさしくても
イA-ない	い形容詞・ない形	やさしくない
イA-た	い形容詞・た形	やさしかった
V	動詞	行く
V-ます	動詞・ます形	行きます
V-ます	動詞・(ます)形	行きながら
V-て	動詞・て形	行って
V-モ	動詞・(て)形	行っても
V-た	動詞・た形	行った
V-た	動詞・(た)形	行ったり来たり
V-よう	動詞・意志形	行こうと思う
V-ば	動詞・仮定形	行けば行くほど

基本形	辞書形	名詞	雨
		な形容詞	きれい
		い形容詞	寒い
		動詞	食べる
普通形		名詞	雨だ、雨ではない、雨だった、雨ではなかった
		な形容詞	きれいだ、きれいではない、きれいだった、きれいではなかった
		い形容詞	寒い、寒くない、寒かった、寒くなかった
		動詞	食べる、食べない、食べた、食べなかった
丁寧体		名詞	雨です、雨ではありません、雨でした、雨ではありませんでした
		な形容詞	きれいです、きれいではありません、きれいでした、きれいではありませんでした
		い形容詞	寒いです、寒くありません、寒かったです、寒くありませんでした
		動詞	食べます、食べません、食べました、食べませんでした

Contents

この本をお使いになる方へ	p.4〜5
この本で扱う内容	p.6〜7
この本の構成と使い方	p.8〜9
品詞の記号＆活用形	p.10〜11
Contents	p.12〜13

UNIT 1 🎧 01〜07　　　p.14〜23
- 動詞の可能形を使って話す
- 可能表現を習得する

UNIT 2 🎧 08〜13　　　p.24〜33
- 人から聞いた話や情報を伝える
- 情報を根拠に話す

UNIT 3 🎧 14〜20　　　p.34〜43
- 意志を伝える
- 未来の予定について話す

UNIT 4 🎧 21〜26　　　p.44〜53
- 動詞を使って、状態の変化について話す
- 目標のために努力することについて話す

UNIT 5 🎧 27〜33　　　p.54〜63
- 状態の変化について話す
- 人為的行為の結果について話す

UNIT 6 🎧 34〜39　　　　　　　　　　　　p.64〜73
- 度を超えた状態について話す
- 完了することを話す
- 残念、または後悔する気持ちを話す
- 他の人に望むことを話す

UNIT 7 🎧 40〜46　　　　　　　　　　　　p.74〜83
- 仮定して話す
- 提案する
- 発見したことについて話す

UNIT 8 🎧 47〜52　　　　　　　　　　　　p.84〜93
- 例えて話す
- 例を示す
- 典型的な性質を表す

UNIT 9 🎧 53〜59　　　　　　　　　　　　p.94〜103
- 条件を仮定して話す
- 条件について話す
- 進行に伴う変化について話す

UNIT 10 🎧 60〜65　　　　　　　　　　　　p.104〜113
- 義務や必要性について話す
- 規則や慣例について話す
- 必要性の有無について話す

付録（ふろく）　　　　　　　　　　　　p.114〜124
リスニングスクリプト&解答

NEW ワクワク日本語 中級 1

UNIT 1

ワクワク

Lesson Plan 🎧 01〜07

- 動詞（どうし）の可能形（かのうけい）を使って話す
- 可能表現（かのうひょうげん）を習得（しゅうとく）する

Activity 1 できること、できないことについて話してみましょう。

🎧 01

①

A: ヨンジュンさんは、車の運転ができますか。
B: はい。でも、まだ初心者で、あまりうまくありません。

②

A: この漢字の読み方が分かりますか。
B: やさしい漢字は分かりますが、これはちょっと難しくて分かりません。

③

A: 羽田さんは、ギターを弾くことができますか。
B: いいえ。でも、ギターを弾く真似は得意ですよ。

Check Point

1 N + が できる (分かる)
① 外国語は、英語と中国語、それから日本語ができます。
② この単語の意味が分かりません。教えてください。

2 V・基本形 + ことができる
① 彼は、動物と話すことができますよ。
② なかなか単語を覚えることができません。

Vocabulary

初心者:＿＿＿＿＿＿　うまい:＿＿＿＿＿＿　読み方:＿＿＿＿＿＿
やさしい:＿＿＿＿＿　弾く:＿＿＿＿＿＿＿　真似:＿＿＿＿＿＿＿
得意だ:＿＿＿＿＿＿　単語:＿＿＿＿＿＿＿　覚える:＿＿＿＿＿＿

16 わくわく 日本語 中級 1

Activity 2 できることに○、できないことに×を書いてください。

🎧 02

Q1 100メートルを15秒以内で走れますか。（　）
Q2 「醤油」という漢字が読めますか。（　）
Q3 両親の名前を漢字で書けますか。（　）
Q4 キムチピラフが作れますか。（　）
Q5 「ひよこぴょこぴょこ」と早く言えますか。（　）

Check Point

● 1グループ動詞の可能形

> 動詞の語幹 [u] → [a] + れる

① 緊張して、何も話せませんでした。(話す)
② もうこれ以上は待てません。私は先に帰ります。(待つ)
③ ここからジャンプして、どのくらい飛べますか。(飛ぶ)

Vocabulary

秒: _____　以内: _____　醤油: _____
キムチピラフ: _____　ひよこ: _____　緊張する: _____
ジャンプする: _____

Activity 3 できるかどうか聞いてみましょう。

🎧 03

① A: 明日までに、この単語が全部覚えられますか。
　　B: いや、それは無理ですよ。

② A: 事前に予約できますか。
　　B: はい。電話やインターネットなどで予約できます。

③ A: 明日、イベントに来られますか。
　　B: すみません。明日はアルバイトがあって来られません。

Check Point

1 2グループ動詞の可能形

> 動詞の語幹 + られる

① 日曜日は、昼までゆっくり寝られます。(寝る)
② ここからは絶対逃げられませんよ。(逃げる)

2 3グループ動詞の可能形

> 来る → 来られる　　する → できる

① 友達は連れて来られませんでした。(連れて来る)
② 合格できるまで、私は諦めません。(合格する)

Vocabulary

覚える:＿＿＿＿＿＿　　事前:＿＿＿＿＿＿　　イベント:＿＿＿＿＿＿
ゆっくり:＿＿＿＿＿＿　絶対:＿＿＿＿＿＿　　逃げる:＿＿＿＿＿＿
合格する:＿＿＿＿＿＿　諦める:＿＿＿＿＿＿

Activity Check up

1 好きな人のためにできること、できないことを例のように言ってみましょう。

> 例　1時間待つ　→　待てる
> 　　浮気を許す　→　許せない

① 相手の家族と同居する　→ ＿＿＿＿＿＿＿＿＿＿＿＿＿＿＿
② 貯金を全部貸す　→ ＿＿＿＿＿＿＿＿＿＿＿＿＿＿＿

2 分かること、分からないことについて例のように言ってみましょう。

> 例　タバコがやめられない人の気持ち
> 　→ タバコがやめられない人の気持ちが分かります。

① 不景気の原因　→ ＿＿＿＿＿＿＿＿＿＿＿＿＿＿＿
② 芸能人になりたい人の気持ち　→ ＿＿＿＿＿＿＿＿＿＿＿＿＿＿＿

3 (　　)の動詞を可能形に変えて、文を完成してください。

> 例　彼はもう大人だから、一人で（行く）ます。　→　行けます

① 三ヶ月で、10キロ（やせる）ますか。　→ ＿＿＿＿＿＿＿＿＿＿
② 怖くて（眠る）ません。　→ ＿＿＿＿＿＿＿＿＿＿
③ 何でも（話す）友達がいますか。　→ ＿＿＿＿＿＿＿＿＿＿

Vocabulary

浮気:＿＿＿＿　許す:＿＿＿＿　相手:＿＿＿＿　同居:＿＿＿＿　貯金:＿＿＿＿
貸す:＿＿＿＿　やめる:＿＿＿＿　不景気:＿＿＿＿　原因:＿＿＿＿　芸能人:＿＿＿＿
大人:＿＿＿＿　やせる:＿＿＿＿　怖い:＿＿＿＿　眠る:＿＿＿＿

Conversation

A: スコットさん、この漢字、読めますか。

B: はい、「ゆううつ」です。

A: よく知っていますね。スコットさんは日本語のほかに何語ができますか。

B: イタリア語とスペイン語、それから中国語も少しできます。

A: 中国語も?!

B: でも中国語は、聞いて理解することはできますが、あまり話せません。

A: それでもすごいですよ。私は日本語しかできないのでうらやましいです。

Vocabulary

ゆううつ:＿＿＿＿＿＿＿　　何語:＿＿＿＿＿＿＿　　うらやましい:＿＿＿＿＿＿＿

Role Play 面接を受けてみましょう。

05

A: あなたはある会社の面接官です。会社で外国人を採用するために、これから面接をします。いろいろ質問してください。

B: あなたはある会社の面接を受けに来ました。面接官の質問に答えてください。

A: どうぞ、座ってください。
B: ＿＿＿＿＿＿＿＿＿＿＿＿＿＿＿＿＿＿＿＿＿＿＿＿＿＿＿＿＿＿＿＿＿＿＿＿。
A: アンさん、日本語はどのぐらい話せますか。
B: ＿＿＿＿＿＿＿＿＿＿＿＿＿＿＿＿＿＿＿＿＿＿＿＿＿＿＿＿＿＿＿＿＿＿＿＿。
A: そうですか。＿＿＿＿＿＿＿＿＿＿＿＿＿＿＿＿＿＿＿＿＿＿＿＿＿できますか。
B: ＿＿＿＿＿＿＿＿＿＿＿＿＿＿＿＿＿＿＿＿＿＿＿＿＿＿＿＿＿＿＿＿＿＿＿＿。

Sample Dialogue

A: どうぞ、座ってください。
B: はい、アン・ミナと申します。よろしくお願いします。
A: アンさん、日本語はどのぐらい話せますか。
B: 日本語学校で1年勉強したので、日常会話は問題ありません。日本の新聞も読めます。
A: そうですか。じゃ、パソコンで日本語の入力はできますか。
B: はい、日本人と同じスピードでチャットすることもできます。
A: うちの会社は土日も出勤することがありますが、土日でも会社に来られますか。
B: はい、大丈夫です。
A: あと、年に1回社員旅行があって、これは社員が全員参加しますが、参加できますか。
B: はい、もちろんです。

Vocabulary

日常会話: ＿＿＿＿＿＿＿＿＿ 入力: ＿＿＿＿＿＿＿＿＿ チャットする: ＿＿＿＿＿＿＿＿＿
出勤する: ＿＿＿＿＿＿＿＿＿ 参加する: ＿＿＿＿＿＿＿＿＿

Listening

06

① よく聞いて、可能なものを選んで、例のように記号を書きましょう。

例	1	2	3
b, g			

② よく聞いて、例のようにできるかできないかチェックしましょう。

例	ⓐ 話せる	b. 話せない
1	a. 貸せる	b. 貸せない
2	a. 寝られる	b. 寝られない
3	a. 諦められる	b. 諦められない
4	a. 仕上げられる	b. 仕上げられない

Vocabulary

火事：＿＿＿＿＿＿　　聞こえる：＿＿＿＿＿＿　　結果：＿＿＿＿＿＿　　急だ：＿＿＿＿＿＿

残業：＿＿＿＿＿＿

Reading

- 青春18きっぷ

『青春18きっぷ』はどんな切符だと思いますか。これは期間限定の特別企画乗車券で、日本全国のJR線の普通列車・快速列車が1日乗り放題になります。年齢制限はなく、1回分2,300円です。この乗車券で、1日で東京から九州の小倉まで行けます。19時間ぐらいかかりますが、東京から小倉までの普通の切符は12,850円なのでとても安くて、新幹線よりもスピードが遅いので景色がゆっくり見られます。時間に余裕がある人は一度、利用してみてください。

1　『青春18きっぷ』は何ですか。
　　_____

2　どんな列車が乗り放題になりますか。
　　_____

3　この乗車券で、1日でどこからどこまで行けますか。
　　_____

4　列車に乗って旅行をするのは好きですか。
　　_____

Vocabulary

青春:_____　期間限定:_____　特別企画:_____　乗車券:_____
列車:_____　快速:_____　乗り放題:_____　年齢制限:_____
景色:_____　余裕:_____

NEW ワクワク 日本語 中級 1

Activity 1 どんな話を聞きましたか。

🎧 08

① A: あの方、若くて美人ですね。
　　B: ああ見えても、実は70歳だそうです。

② A: アユミさんは、本当に大人しくて、優しいですね。
　　B: でも、彼氏の前では結構口うるさくて、わがままだそうですよ。

③ A: 本田さんは、虫が恐いそうです。
　　B: へえ、本田さん、見た目より臆病ですね。

④ A: 山口先生、明日から出張に行くそうだよ。
　　B: 本当? じゃあ明日の講義は休講だね。嬉しい!

Check Point

● **普通形 + そうだ : 情報を伝える。(伝聞)**

　① 彼女の夢はファッションモデルだそうですよ。
　② 運動会の途中から雨が降って大変だったそうですね。
　③ 納豆はダイエットにもいいそうですよ。
　④ 星野さんは、UFOを見たことがあるそうです。

Vocabulary

ああ:＿＿＿　大人しい:＿＿＿　彼氏:＿＿＿　口うるさい:＿＿＿　わがままだ:＿＿＿
見た目:＿＿＿　臆病だ:＿＿＿　出張:＿＿＿　講義:＿＿＿　休講:＿＿＿
嬉しい:＿＿＿　運動会:＿＿＿　途中:＿＿＿

Activity 2 何と言っていましたか。

🎧 09

① A: 徳井さんが、エリコさんのことが好きだと言っていましたよ。
　 B: え〜? 冗談言わないでくださいよ。彼は私のタイプじゃありません。

② A: 北島さん、今日アメリカに出発すると言っていませんでしたか。
　 B: いいえ。結局、アメリカには行かないことにしたそうです。

③ A: 福田さん、携帯をなくして連絡ができなかったと言っていましたよ。
　 B: 本当ですか? うわさによると、彼、うそつきで有名だそうですから、信じられませんね。

Check Point

1 普通形 + と言っていました : 伝聞

① 先生があの本は名作だと言っていました。
② 島での暮らしは交通が不便で大変だと言っていました。
③ 駅前のそば屋はあまりおいしくないと言っていましたけど。
④ 川上さんは、少し遅れると言っていました。

2 〜によると……そうだ : 伝聞

① 天気予報によると、大阪は雨だそうです。
② 星野さんの話によると、この映画はなかなかおもしろいそうですよ。
③ ニュースによると、行方不明だった子供が見つかったそうですよ。

3 普通形 / 丁寧体 + から : 主観的な原因や理由

① 週末だから、だいぶ道が込むでしょう。
② 後始末は私がしますから、お先にどうぞ。

Vocabulary

冗談:＿＿＿＿　結局:＿＿＿＿　なくす:＿＿＿＿　うわさ:＿＿＿＿　うそつき:＿＿＿＿
信じる:＿＿＿＿　名作:＿＿＿＿　島:＿＿＿＿　暮らし:＿＿＿＿　遅れる:＿＿＿＿
天気予報:＿＿＿＿　行方不明:＿＿＿＿　見つかる:＿＿＿＿　後始末:＿＿＿＿

Activity 3 情報を根拠に話してみましょう。

🎧 10

① A: 太郎さんから、連絡はありましたか。
　 B: ええ。今日も残業らしいですよ。

② A: 友近さんは、やせた男は嫌いらしいですね。
　 B: ええ、どちらかと言うと、少し太っている人が好きです。

③ A: 八木さんと安部さん、仲がよくないらしいですね。
　 B: え？ どこから聞いた話ですか。

④ A: 千原さん、付き合っている人はいないらしいですよ。
　 B: 本当ですか。じゃあ今度、デートに誘ってみます。

Check Point

● 〜らしい：情報をもとに話す。

> N / N-た / N-ない + らしい
> ナA・語幹 / ナA-た / ナA-ない + らしい
> イA・普通形 + らしい
> V・普通形 + らしい

① 信宏さん、総理大臣の孫らしいよ。
② 花祭りはすごく賑やからしいですね。
③ あの先生はすごく厳しいらしいよ。
④ 室町さん、引っ越しするらしいですね。

Vocabulary

残業：＿＿＿＿　　やせる：＿＿＿＿　　どちらかと言うと：＿＿＿＿
太る：＿＿＿＿　　仲がいい：＿＿＿＿　　付き合う：＿＿＿＿　　誘う：＿＿＿＿
総理大臣：＿＿＿＿　　孫：＿＿＿＿　　花祭りすごく：＿＿＿＿　　厳しい：＿＿＿＿

わくわく 日本語 中級 1

Activity
Check up

1 最近聞いたニュースや情報を紹介してみましょう。

> 例　新聞によると、来年から地下鉄の運賃が値上がりするそうです。

① _____ そうです。
② _____ そうです。
③ _____ によると、 _____ そうです。
④ _____ によると、 _____ そうです。

2 次は日本の有名な都市伝説です。

① ディズニーランドに行ったカップルは別れるらしい。
② 東京都庁はロボットに変身することができるらしい。
③ ミカンで有名な愛媛県には、ミカンジュースが出る水道があるらしい。
④ コーラには骨が溶ける成分が入っているらしい。

3 あなたが知っている「うわさ」や「都市伝説」について話してみましょう。

① _____
② _____
③ _____

Vocabulary

運賃:＿＿＿＿＿　　値上がりする:＿＿＿＿＿　　都市伝説:＿＿＿＿＿　　カップル:＿＿＿＿＿
別れる:＿＿＿＿＿　　都庁:＿＿＿＿＿　　変身:＿＿＿＿＿　　水道:＿＿＿＿＿
骨:＿＿＿＿＿　　溶ける:＿＿＿＿＿　　成分:＿＿＿＿＿

Conversation

A: 今日もまた雨ですね。
B: 旅館の人の話によると、今日も一日中雨だそうですよ。
A: せっかくの旅行で、雨ばかりは嫌ですね。
B: ゆうべの天気予報では、今日の午後には晴れると言っていましたが、どうでしょうね。
A: あれ？ 藤本さんはどこへ行きましたか。
B: 1階の売店でお土産を見てくると言っていましたが。
A: 実はここだけの話ですが、藤本さんとよく一緒に旅行する人の話によると、藤本さんは雨女らしいですよ。
B: ああ、それで今回も雨ばかり……。

Vocabulary

せっかく:＿＿＿＿＿　　～ばかり:＿＿＿＿＿　　ゆうべ:＿＿＿＿＿
晴れる:＿＿＿＿＿　　売店:＿＿＿＿＿　　お土産:＿＿＿＿＿
ここだけの話:＿＿＿＿＿　　雨女:＿＿＿＿＿

Role Play　うわさ話をしてみましょう。　🎧 12

A: あなたは主婦です。Bとは同じマンションに住んでいて、子供同士も同じ小学校に通っています。最近、マンションの近くを変な男の人がうろついているといううわさがあります。先週は、2年生の女の子に声をかけて、その子は大きな声を出して逃げたという話を聞きました。そのことについてBと話してみましょう。

B: あなたは主婦です。Aとは同じマンションに住んでいて、子供同士も同じ小学校に通っています。最近、マンションの近くを変な男の人がうろついているといううわさがありますが、詳しいことはよく知りません。そのことについてAと話してみましょう。

A: ＿＿＿＿＿＿＿さん、変な男の人の話、聞きましたか？
B: 変な男の話ですか？ うわさは聞きましたけど、詳しいことは知りません。
A: 最近、マンションの近くを＿＿＿＿＿＿＿＿＿＿＿＿＿＿＿＿＿＿といううわさがありますよ。先週は＿＿＿＿＿＿＿＿＿＿＿＿＿＿＿＿＿＿らしいです。
B: まあ、怖い。それで、その女の子はどうしましたか。
A: 女の子のお母さんによると、＿＿＿＿＿＿＿＿＿＿＿＿＿＿＿＿＿＿そうです。

Sample Dialogue

A: 山下さん、聞きました？ 変な男の人の話。
B: いえ、詳しいことはよく知りませんが……。
A: 先週は、その男が2年生の女の子に声をかけたらしいですよ。
B: まあ、怖い。それで、女の子はどうしましたか。
A: 女の子のお母さんによると、女の子はすぐに大きな声を出して逃げたそうです。
B: そうですか……。伊藤さんも私も、娘がいるので毎日心配ですよね。
A: ええ。警察の方も、なかなか捕まらなくて困っているそうですよ。
B: 1日も早く、何とかしてほしいですね。

Vocabulary

変だ:＿＿＿＿＿　うろつく:＿＿＿＿＿　詳しい:＿＿＿＿＿　声をかける:＿＿＿＿＿
怖い:＿＿＿＿＿　心配だ:＿＿＿＿＿　警察:＿＿＿＿＿　捕まる:＿＿＿＿＿
何とか:＿＿＿＿＿　〜てほしい:＿＿＿＿＿

Unit 2　31

Exercise

● ( )の動詞を使って、会話を完成してみましょう。

① A: 橋本さん、最近元気がありませんね。
　 B: 先週、彼女と＿＿＿＿＿＿＿＿＿＿＿（別れました）そうですよ。
　 A: ああ、それで……。

② A: 今年は何色が流行るでしょうか。
　 B: 雑誌によると、今年はオレンジが＿＿＿＿＿＿＿＿＿＿＿（流行ります）そうです。

③ A: 石川さんの隣りにいる人、誰ですか。
　 B: 石川さんの＿＿＿＿＿＿＿＿＿＿＿（奥さんです）そうですよ。
　 A: あれ？　石川さん、去年離婚しませんでしたか？
　 B: その後すぐに＿＿＿＿＿＿＿＿＿＿＿（再婚しました）らしいです。

④ A: 野上さん、まだ来ていませんね。
　 B: 野上さんは病院に寄ってから＿＿＿＿＿＿＿＿＿＿＿（来ます）と言っていました。

⑤ A: 尾野さんの息子さん、背が高くてかっこいいですね。
　 B: 雑誌の＿＿＿＿＿＿＿＿＿＿＿（モデルです）らしいですよ。
　 A: ああ、やっぱり。

⑥ A: 今日の集まりはいつもより早く＿＿＿＿＿＿＿＿＿＿＿（始めます）そうです。
　 B: じゃ、早めに家を出ましょう。

⑦ A: 藤原さん、昨日、この近くで火事が＿＿＿＿＿＿＿＿＿＿＿（ありました）らしいですね。
　 B: ええ、でも私は寝ていて気づきませんでした。
　 A: ニュースでは、寝タバコが＿＿＿＿＿＿＿＿＿＿＿（原因でした）と言っていましたが、藤原さんもタバコには気をつけてくださいね。

Vocabulary

別れる:＿＿＿＿＿　　流行る:＿＿＿＿＿　　離婚:＿＿＿＿＿
再婚:＿＿＿＿＿　　寄る:＿＿＿＿＿　　寝タバコ:＿＿＿＿＿

32　わくわく 日本語 中級 1

Listening

🎧 13

① よく聞いて、例のようにチェックしましょう。

② 会話を聞いて、正しい文に○、間違っている文に×をつけましょう。

1) ディズニーランドに行った夫婦は別れる、という都市伝説があります。（　　　）
2) 東京都庁はロボットに変身する、という都市伝説があります。（　　　）
3) コーラには肉が溶ける成分が入っている、という都市伝説があります。（　　　）

Vocabulary

招待状：＿＿＿＿＿＿＿＿＿＿　　卒業：＿＿＿＿＿＿＿＿＿＿　　留学：＿＿＿＿＿＿＿＿＿＿
続ける：＿＿＿＿＿＿＿＿＿＿　　一から：＿＿＿＿＿＿＿＿＿＿　　学ぶ：＿＿＿＿＿＿＿＿＿＿
お勧め：＿＿＿＿＿＿＿＿＿＿　　言い出す：＿＿＿＿＿＿＿＿＿＿　　正直：＿＿＿＿＿＿＿＿＿＿

NEW ワクワク 日本語 中級 1

Activity 1 自分の意志を伝えてみましょう。

🎧 14

①

A: 先輩、映画を見に行きませんか。
B: いいね。じゃあ、これから一緒に見に行こう。

②

A: そろそろ寝ようか。
B: うん。いい夢見よう。

③

A: あそこは本当に静かでいいところだよ。
B: そう？ じゃ、今度の週末に行ってみようかな。

Check Point

● 動詞の意志形

```
1グループ動詞の語尾  →  [o段] + う
2グループ動詞の語幹 + よう
3グループ動詞：来る → 来よう / する → しよう
```

① あのバンドのリーダーにファンレターを書こう。(書く)
② あ、警察だ！ 早く逃げよう。(逃げる)
③ このことは誰にも言わないで、黙っていよう。(黙っている)
④ 今度は彼と一緒に遊びに来よう。(来る)
⑤ ダイエットは明日からスタートしよう。(する)

Vocabulary

先輩:_____ バンド:_____ リーダー:_____
警察:_____ 逃げる:_____ 黙る:_____

36　わくわく 日本語 中級 1

Activity 2 これからどうしますか。

🎧 15

① A: 新婚旅行の行き先は決まりましたか。
B: コアラを見に、オーストラリアへ行こうと思います。

② A: 卒業後の進路は決まりましたか。
B: 日本に留学して、デザインを勉強しようと思います。

③ A: 最近、顔色がよくありませんね。
B: ええ。それで、一度病院へ行ってみようと思っています。

Check Point

1 V-よう + と思う
① 将来は、政治家になろうと思う。
② 僕も田舎暮らしを始めようと思いますが、どう思いますか。
③ 前もって、面接の準備をしようと思います。

2 V-よう + と思っている
① そろそろ、車を買い換えようと思っています。
② 夏休みには農村ボランティア活動をやろうと思っています。
③ 新学期からはもっと熱心に勉強しようと思っています。

Vocabulary

新婚:＿＿＿＿＿ 決まる:＿＿＿＿＿ 進路:＿＿＿＿＿
顔色:＿＿＿＿＿ 将来:＿＿＿＿＿ 政治家:＿＿＿＿＿
田舎暮らし:＿＿＿＿＿ 始める:＿＿＿＿＿ 前もって:＿＿＿＿＿
面接:＿＿＿＿＿ 買い換える:＿＿＿＿＿ 農村ボランティア活動:＿＿＿＿＿
やる:＿＿＿＿＿ 新学期:＿＿＿＿＿ 熱心に:＿＿＿＿＿

Unit 3 37

Activity 3 予定について話してみましょう。

🎧 16

①
A: 別府ではどこに泊まりますか。
B: 杉の井ホテルに泊まる予定です。

②
A: 会社の同僚が12月に出産する予定ですけど、お祝いに何がいいでしょうか。
B: そうですね……赤ちゃんの服はどうでしょうか。

③
A: お金もないのに、どうやって仙台まで行くつもりですか。
B: もちろん、この自転車で行くつもりですよ。

④
A: みんなが反対しているのに、それでもやめないつもりですか。
B: はい。どんなことがあっても、最後までやってみます。

Check Point

1 V・基本形 + 予定
① 今週末に引っ越す予定です。
② 今回は、博物館を回る予定です。

2 V・基本形・V-ない + つもり
① 今日、彼女にプロポーズするつもりだけど、緊張するね。
② 結婚しても、当分子供は産まないつもりです。

Vocabulary

泊まる:＿＿＿　同僚:＿＿＿　出産する:＿＿＿　お祝い:＿＿＿　赤ちゃん:＿＿＿
小石:＿＿＿　集まる:＿＿＿　反対する:＿＿＿　やめる:＿＿＿　やる:＿＿＿
今週末:＿＿＿　引っ越す:＿＿＿　回る:＿＿＿　プロポーズする:＿＿＿
緊張する:＿＿＿　産む:＿＿＿

Activity: Check up

1 動詞の意志形を使って、文を完成してみましょう。

> 例 (する)：今日、家に帰ってから、掃除をしよう。

① (机を片付ける)：今日、家に帰ってから、＿＿＿＿＿＿＿＿＿＿＿＿＿＿＿。
② (ジムに通う)：明日から、＿＿＿＿＿＿＿＿＿＿＿＿＿＿＿＿＿＿＿＿＿。
③ (中国語を学ぶ)：来年は、＿＿＿＿＿＿＿＿＿＿＿＿＿＿＿＿＿＿＿＿＿。
④ (田舎で暮らす)：将来は、＿＿＿＿＿＿＿＿＿＿＿＿＿＿＿＿＿＿＿＿＿。

2 (　)の動詞を「〜(よ)うと思います」の形に変えて、対話を完成してみましょう。

① A: 悩みがあるなら、誰かに相談したほうがいいですよ。
　 B: ええ。一度、先生に (相談してみる) ＿＿＿＿＿＿＿＿＿＿＿＿＿＿。
② A: 顔色がよくないですよ。
　 B: ええ。今日は早めに帰って (休む) ＿＿＿＿＿＿＿＿＿＿＿＿＿＿＿。
③ A: 水着を買ったそうですね。
　 B: はい。今年は (ビキニに挑戦する) ＿＿＿＿＿＿＿＿＿＿＿＿＿＿＿。

3 「つもり」または「予定」を入れて、文を完成してみましょう。

① 私は貯金して両親に家をプレゼントする(　　　)です。
② 7月15日から17日まで、夏季セミナーを行う(　　　)です。
③ これからデパートへ寄って、晩ご飯のおかずを買って帰る(　　　)ですか。
④ 今度の土曜日は健康診断を受ける(　　　)です。

Vocabulary

片付ける：＿＿＿＿＿　ジム：＿＿＿＿＿　通う：＿＿＿＿＿　暮らす：＿＿＿＿＿
悩み：＿＿＿＿＿　相談する：＿＿＿＿＿　早めに：＿＿＿＿＿　水着：＿＿＿＿＿
挑戦する：＿＿＿＿＿　貯金する：＿＿＿＿＿　夏季セミナー：＿＿＿＿＿　行う：＿＿＿＿＿
おかず：＿＿＿＿＿　健康診断：＿＿＿＿＿　受ける：＿＿＿＿＿

Conversation

A: 小島さん、夏休みの予定、決まりましたか。

B: ええ、私はアルバイトをしようと思っています。

A: 何のアルバイトですか。

B: デパートのお中元コーナーで贈り物を売るアルバイトです。

A: どのぐらいする予定ですか。

B: 1ヶ月の予定です。そして残りの1ヶ月は稼いだお金でバックパック旅行をしようと思っています。

A: わあ、いいですね。どこの国に行くつもりですか。

B: ヨーロッパの有名なところを見て回ろうと思っています。

Vocabulary

お中元:＿＿＿＿＿＿ 贈り物:＿＿＿＿＿＿ 残り:＿＿＿＿＿＿

稼ぐ:＿＿＿＿＿＿ バックパック旅行:＿＿＿＿＿＿ 回る:＿＿＿＿＿＿

Role Play 将来のことを話してみましょう。 🎧 18

A: あなたは会社を辞めて、イギリスの大学院に留学しようと思っています。通っていた大学の教授にそのことを話してください。

B: あなたはAの通っていた大学の教授です。Aは会社を辞めてイギリスの大学院に留学しようと思っています。いろいろ聞いてください。

A: 先生、実は私、＿＿＿＿＿＿＿＿＿＿＿＿＿＿＿＿＿と思っています。

B: ＿＿＿＿＿＿＿＿＿＿て何をするつもりですか。

A: ＿＿＿＿＿＿＿＿＿＿＿＿＿＿＿＿＿＿＿＿＿＿（よ）うと思っていますが、先生のお考えはどうでしょうか。

B: そうですね。＿＿＿＿＿＿＿＿＿＿＿＿＿＿＿＿＿＿＿（の）もいいでしょうね。頑張ってください。

Sample Dialogue

A: 先生、実は私、今の会社を辞めようと思っています。
B: 会社を辞めて何をするつもりですか。
A: イギリスの大学院に留学して、学部の時の研究をもっと続けようと思っていますが、先生のお考えはどうでしょうか。
B: そうですね。山口君は優秀でしたから、研究を続けるのもいいでしょうね。資金は大丈夫ですか。
A: はい、今までの貯金と、退職金を使おうと思っています。
B: ご両親にはもう話しましたか。
A: いえ、まだです。これから話そうと思っています。
B: そうですか。イギリスでしっかり研究してきてくださいね。

Vocabulary

辞める: ＿＿＿＿　大学院: ＿＿＿＿　留学する: ＿＿＿＿　教授: ＿＿＿＿　学部: ＿＿＿＿
研究: ＿＿＿＿　お考え: ＿＿＿＿　優秀: ＿＿＿＿　資金: ＿＿＿＿　退職金: ＿＿＿＿

Unit 3　41

Listening 🎧 19

① よく聞いて、例のようにチェックしましょう。

	どこへ・どこで	何を	だれと
例	a. 日本 b. アメリカ ⓒ. オーストラリア	ⓓ 親戚の家に行く e. 観光旅行をする f. 英語を勉強する	g. 1人で h. 先生と ⓘ 妹と
1	a. 別府 b. 箱根 c. 草津	d. 写真を撮る e. ディズニーランドで遊ぶ f. 温泉に入る	g. 1人で h. 弟と i. 家族と
2	a. 図書館 b. ベンチ c. 学校	d. 本を借りる e. 本を読む f. 手紙を書く	g. 1人で h. 友達と i. 工藤さんと
3	a. 山 b. 海 c. プール	d. ビーチバレーをする e. ビーチで日焼けをする f. 釣りをする	g. 吉川さんと h. クラスのみんなと i. クラブのみんなと

② よく聞いて、例のように記号を書きましょう。

a.　　　　　　　　b.　　　　　　　　c.　　　　　　　　d.

	例	1	2	3
	a			

Vocabulary

親戚:＿＿＿＿　　いとこ:＿＿＿＿　　観光:＿＿＿＿　　ディズニーランド:＿＿＿＿
哲学:＿＿＿＿　　厚い:＿＿＿＿　　ベンチ:＿＿＿＿　　ビーチバレー:＿＿＿＿
日焼け:＿＿＿＿　　釣り:＿＿＿＿　　告白する:＿＿＿＿　　妊娠:＿＿＿＿
産む:＿＿＿＿　　完全に:＿＿＿＿　　運動不足:＿＿＿＿

42　わくわく 日本語 中級 1

Reading

● 年末ジャンボ宝くじ

みなさんは宝くじを買ったことがありますか。または、買おうと思ったことがありますか。日本には「ジャンボ宝くじ」が年に3回あって、特に「年末ジャンボ宝くじ」は人気があります。発売の時期には「年末ジャンボ、もう買いましたか」「ええ、買いました」「いいえ、まだです」などという会話をよくします。宝くじは現在1枚300円で、1等当せん金は2億円です。また、前後賞1億円、合わせて最高3億円になるそうです。全国各地の販売所では宝くじを買う人がたくさん並んで、年末の風物詩になっています。

1　日本で特に人気がある宝くじは何ですか。
　　_____

2　宝くじは1枚いくらですか。
　　_____

3　当せん金は最高いくらですか。
　　_____

4　3億円が当りました。あなたはそのお金で何をしますか。
　　_____

Vocabulary

ジャンボ:_____　宝くじ:_____　年末:_____　発売:_____　時期:_____
〜等:_____　当せん金:_____　前後賞:_____　合わせる:_____　最高:_____
販売所:_____　並ぶ:_____　風物詩:_____

Unit 3　43

NEW
ワクワク 日本語 中級 1

Activity 1 どう変わりましたか。

A: 夕食はいつも家で食べますか。
B: ええ。一人暮らしを始めてから、料理をするようになりました。

A: あれ？ 小木さん、眼鏡を替えましたか。
B: ええ。この眼鏡に替えてから、小さい文字もよく読めるようになりました。

Check Point

1 V・基本形 + ようになる
① 彼の影響で、近頃ハードロックを聞くようになりました。
② 林先生が担任になってから、生徒たちがまじめに勉強するようになりました。

2 V・可能形 + ようになる
① 最近は納豆も食べられるようになりました。
② 5キロやせて、Sサイズのスカートがはけるようになりました。

Vocabulary

一人暮らし: _____　　替える: _____　　文字: _____　　影響: _____
近頃: _____　　担任: _____　　生徒: _____　　まじめだ: _____
やせる: _____　　はく: _____

46 わくわく 日本語 中級 1

Activity 2 変わったことについて話してみましょう。

①
A: どうした？ あまり元気がないね。
B: 最近、彼が「愛してる」と言わなくなったの。

②
A: あのニュースを見てから、牛肉が食べられなくなりました。
B: 残念ですね。ステーキをごちそうしようと思っていたのに。

③
A: 矢部さんのお母さんは、昔から厳しかったでしょう。
B: はい。でも私が大学を卒業してから、干渉しなくなりました。

Check Point

- V-ない + くなる
  ① 彼は子供が生まれてから、お酒を飲まなくなった。
  ② 電池が切れて、おもちゃが動かなくなった。
  ③ むだ遣いが原因で、生活費が足りなくなりました。
  ④ 小林さんは、急用で来られなくなりました。

Vocabulary

愛する:＿＿＿＿＿＿＿＿　残念だ:＿＿＿＿＿＿＿＿　ごちそうする:＿＿＿＿＿＿＿＿
厳しい:＿＿＿＿＿＿＿＿　干渉する:＿＿＿＿＿＿＿＿　生まれる:＿＿＿＿＿＿＿＿
電池が切れる:＿＿＿＿＿＿　動く:＿＿＿＿＿＿＿＿　むだ遣い:＿＿＿＿＿＿＿＿
生活費:＿＿＿＿＿＿＿＿　足りる:＿＿＿＿＿＿＿＿　急用:＿＿＿＿＿＿＿＿

Activity 3　これからどのように努力しますか。

🎧 23

①
A: ミカちゃん、虫歯があるね。歯は毎日磨いている？
B: ううん、でもこれからは毎日磨くようにする。

②
A: ビタミンが不足していますね。
B: じゃあ、野菜をたくさん食べるようにします。

③
A: 鈴木さん、また遅刻ですか。
B: すみません。これからは遅れないようにします。

Check Point

🟢 V・基本形 / V-ない + ようにする

① あの書類は、郵送じゃなくてメールで送るようにします。
② きちんとメイクを落としてから寝るようにしてください。
③ ここは事故がよく起こる所ですから、スピードを出さないようにしてください。

Vocabulary

虫歯：＿＿＿＿＿＿　歯：＿＿＿＿＿＿＿＿　磨く：＿＿＿＿＿＿＿
不足する：＿＿＿＿＿　遅れる：＿＿＿＿＿＿　郵送：＿＿＿＿＿＿＿
メイクを落とす：＿＿＿＿　事故：＿＿＿＿＿＿　起こる：＿＿＿＿＿＿
スピードを出す：＿＿＿＿＿

48　わくわく 日本語 中級 1

Activity Check up

1 5年前と比べて、どのように変わりましたか。「〜ようになる」を使って言ってみましょう。

> 例　友だちの勧めで、今はジムに通うようになりました。

① _____ ようになりました。
② _____ ようになりました。
③ _____ ようになりました。

2 絵を見て、「〜(し)なくなる」を使って言ってみましょう。

① (大人になる / マンガを読む)
　_____てからは、_____

② (残業 / 誕生日パーティーに行ける)
　_____で、_____

3 「〜ようにする」を使って、答えてみましょう。

① 上司：昨日送るように言ったメール、まだですか。
　→ これからすぐ_____
② 母：最近、家に帰ってくるのがちょっと遅いわね。今日も遅くなるの？
　→ いや、_____
③ 医者：ちょっと体脂肪率が高いですね。
　→ _____

Vocabulary

比べる:_____　　勧め:_____　　残業:_____
答える:_____　　体脂肪率:_____

Unit 4　49

Conversation

🎧 24

A: その後、大介くんの様子はどうですか。

B: おかげさまで先生の治療を受け始めてから、だいぶ落ち着いて行動できるようになりました。

A: そうですか。それはよかった。

B: 学校にも喜んで通うようになって、問題も起こさなくなりました。

A: 処方した薬は飲んでいますか。

B: はい。あ、でも大介が時々うっかり忘れることもあります。

A: それはいけませんね。あの薬は必ず1日2回飲むようにしてください。

B: はい、分かりました。気をつけます。

Vocabulary

様子:＿＿＿＿＿　治療:＿＿＿＿＿　受け始める:＿＿＿＿＿　落ち着く:＿＿＿＿＿
行動する:＿＿＿＿＿　喜ぶ:＿＿＿＿＿　起こす:＿＿＿＿＿　処方する:＿＿＿＿＿
うっかり:＿＿＿＿＿　いけない:＿＿＿＿＿　気をつける:＿＿＿＿＿

Role Play ダイエットの相談をしてみましょう。 🎧 25

A: あなたは最近、体重が5キロも増えて困っています。ここ1年で8キロやせたBに相談してみてください。

B: あなたはここ1年で8キロやせました。Aが最近、体重が増えて困っていると相談してきたので、経験をもとに、いろいろアドバイスしてください。

A: 最近_____困っていますが、

何かアドバイスお願いします。

B: そうですね。まず、_____ようにしてください。

A: _____、ですね。他には?

B: 食事は、_____ようにしてください。

　最初は大変ですが_____ようになりますよ。

Sample Dialogue

A: 渡辺さん、去年に比べてずいぶんやせましたよね。

B: ええ、がんばってダイエットして、ここ1年で8キロやせました。

A: 8キロも?! 実は私、最近体重が5キロも増えて困っていますが、何かアドバイスお願いします。

B: そうですね。まず、夜7時以降は何も食べないようにして、寝る前に1時間、半身浴をするようにしてください。

A: 7時以降は食べないで、寝る前に半身浴、ですね。他には?

B: 1日に1時間以上、歩いてください。そして食事は、いつもの半分だけ食べるようにしてください。

A: 1時間歩いて、食事はいつもの半分、ですね。

B: はい、最初は大変ですが、3ヶ月ぐらいで少しずつ体が軽く感じられるようになりますよ。

Vocabulary

体重: _____　　増える: _____　　やせる: _____　　もとに: _____
以降: _____　　半身浴: _____　　半分: _____　　感じる: _____

Unit 4　51

Exercise

● 絵を見て、会話を完成してみましょう。

① A: ミサちゃん、よく食べますねえ。
B: ええ、前は好き嫌いが多かったですが、今は何でも＿＿＿＿＿＿＿＿＿＿＿＿＿＿ようになりました。

② A: マイクさん、こんな難しい漢字も上手に書けますね。
B: 2年前はひらがなも分かりませんでしたが、今では漢字も＿＿＿＿＿＿＿＿＿＿＿＿ようになりました。

③ A: 幸子さんの料理、どれもすごくおいしいですね。
B: ありがとうございます。昔は料理が苦手でしたが、今はおいしく＿＿＿＿＿＿＿＿＿＿＿＿＿ようになりました。

④ A: あれ？ ご主人、前はタバコを吸っていませんでしたか。
B: ええ、吸っていましたが、子供が生まれてから、＿＿＿＿＿＿＿＿＿＿＿＿＿なくなりました。

⑤ A: 谷河さんはまだですか。
B: あ、谷河さんは昨日から風邪を引いて、＿＿＿＿＿＿＿＿＿なくなったそうです。

⑥ A: 薬は毎日飲んでいますか。
B: あ、いえ、時々うっかりして……。
でもこれからはちゃんと＿＿＿＿＿＿＿＿＿ようにします。

⑦ A: 安部さん、また宿題を忘れましたか。
B: 先生、すみません。今度からは＿＿＿＿＿＿＿＿＿ないようにします。

Vocabulary

好き嫌い:＿＿＿＿＿＿＿＿＿＿　　ちゃんと:＿＿＿＿＿＿＿＿＿＿

Listening

🎧 26

● よく聞いて、例のようにチェックしましょう。

	例	1	2
a. 	ⓐ	a. 	a.
b.	b. 	b. 	b. 

	3	4	5
a. 	a. 	a. 	a.
b.	b. 	b. 	b. 

Vocabulary

おしまい：＿＿＿＿＿＿＿＿　産(う)む：＿＿＿＿＿＿＿＿　調子(ちょうし)：＿＿＿＿＿＿＿＿

音(おと)がする：＿＿＿＿＿＿＿＿　完全(かんぜん)に：＿＿＿＿＿＿＿＿　部品(ぶひん)：＿＿＿＿＿＿＿＿

取(と)り替(か)える：＿＿＿＿＿＿＿＿　必要(ひつよう)：＿＿＿＿＿＿＿＿　定期的(ていきてき)：＿＿＿＿＿＿＿＿

NEW
ワクワク 日本語 中級 1

UNIT 5

ワクワク

Lesson Plan 🎧 27〜33

- 状態(じょうたい)の変化(へんか)について話す
- 人為的行為(じんいてきこうい)の結果(けっか)について話す

Activity 1 どのように変わってきましたか。

🎧 27

①
A: この頃、だんだん暑くなってきましたね。
B: そうですね。もうそろそろ夏の到来ですね。

②
A: 最近、「孤独死」という言葉をよく耳にしますね。
B: 一人暮らしの老人が増えてきていますからね。

③
A: どうしたの？ さっきまではあんなに自信たっぷりだったじゃない。
B: いや、急に予選を通れるか、心配になってきました。

Check Point

● 状態動詞の「て形」+ くる

過去 -------------------→ 現在
(変化)

① 最近、この仕事が嫌になってきました。
② 社会で活躍する女性が増えてきましたね。
③ この街は、昔から商業都市として発展してきました。

Vocabulary

この頃:_____　　だんだん:_____　　到来:_____　　孤独死:_____
言葉:_____　　耳にする:_____　　老人:_____　　さっき:_____
自信たっぷりだ:_____　　急に:_____　　予選:_____　　通る:_____
活躍する:_____　　街:_____　　商業都市:_____　　発展する:_____

Activity 2 これからどのように変わるでしょうか。

🎧 28

①
A: 昔の思い出が、だんだん色あせていきます。
B: 出川さんは、見た目とは違って詩人ですね。

②
A: 国民の皆さん、一緒にこの国を良くしていきましょう！
B: 政治家の言葉は信じられません。

③
A: この不景気の中、それでもお金がある人はたくさんいますからね。
B: これからも貧富の差はだんだん大きくなっていくと思いますよ。

Check Point

● 状態動詞の「て形」＋いく

　　　▲
現在 -------------------→ 未来
　　　　　(変化)

① 船から見える故郷の景色が遠くなっていく。
② 政府は、今後も徐々に税率を上げていく計画です。
③ 性格は、年齢とともに変わっていくものです。

Vocabulary

思い出:＿＿＿　色あせる:＿＿＿　見た目:＿＿＿　違う:＿＿＿
詩人:＿＿＿　不景気:＿＿＿　貧富の差:＿＿＿　見える:＿＿＿
故郷:＿＿＿　景色:＿＿＿　政府:＿＿＿　徐々に:＿＿＿
税率:＿＿＿　性格:＿＿＿　年齢:＿＿＿　〜とともに:＿＿＿

Activity 3 どういう状態ですか。

🎧 29

①
窓が開いている

②
玄関の電気が付いている

③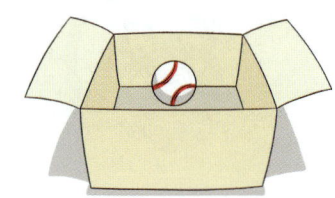
ボールが入っている

窓が開けてある

玄関の電気が付けてある

ボールが入れてある

Check Point

1 〜が + 自動詞の「て形」＋ いる：結果中心

① 道に財布が落ちていました。
② 部屋の電気が消えています。
③ お皿が割れています。
④ 道路が渋滞しています。

Vocabulary

付く:_____　財布:_____　消える:_____
お皿:_____　割れる:_____　渋滞する:_____

② ～が + 他動詞の「て形」+ ある：人為的行為の結果

① 自分の名前が**書いてある**席に座ってください。
② あそこに**停めてある**車は、誰のですか。
③ 応接間に、お菓子と飲み物が**用意してあります**。
④ 会議の内容は、全部**記録してあります**か。

Activity
Check up

1 ＿＿＿に「〜ていく」「〜てくる」を入れて、文を完成してみましょう。

① よく見ていてください。そろそろ太陽が＿＿＿＿＿＿＿＿＿＿＿＿＿＿＿＿＿＿＿＿＿＿＿＿よ。(のぼる)
② これからも結婚しない人は＿＿＿＿＿＿＿＿＿＿＿＿＿＿＿＿＿＿＿＿＿＿＿＿ね。(増える)
③ 専業主婦はだんだん＿＿＿＿＿＿＿＿＿＿＿＿＿＿＿＿＿＿＿＿＿と思います。(減る)
④ この辺も昔よりだいぶ賑やかに＿＿＿＿＿＿＿＿＿＿＿＿＿＿＿＿＿＿＿＿＿＿＿＿ね。(なる)

2 ＿＿＿に「〜ている」「〜てある」を入れて、文を完成してみましょう。

① あなたの部屋には、どんな写真が＿＿＿＿＿＿＿＿＿＿＿＿＿＿＿＿＿＿＿＿＿＿か。(飾る)
② この車、エンジンが＿＿＿＿＿＿＿＿＿＿＿＿＿＿＿＿＿＿＿＿＿＿ね。(故障する)
③ ここに＿＿＿＿＿＿＿＿＿＿＿＿＿＿＿＿＿＿かばん、見ませんでしたか。(置く)
④ 健太、鼻水が＿＿＿＿＿＿＿＿＿＿＿＿＿＿＿＿＿＿＿＿＿＿＿＿＿＿＿わよ。(出る)

Vocabulary

自分:＿＿＿＿＿＿ 座る:＿＿＿＿＿＿ 停める:＿＿＿＿＿＿ 記録する:＿＿＿＿＿＿
太陽:＿＿＿＿＿＿ のぼる:＿＿＿＿＿＿ 専業主婦:＿＿＿＿＿＿ 減る:＿＿＿＿＿＿
飾る:＿＿＿＿＿＿ 故障する:＿＿＿＿＿＿ 鼻水:＿＿＿＿＿＿

Unit 5　59

Conversation

A: このところ、お客さんがだんだん減ってきましたね。
B: オープンした時は、閉店時間の12時が過ぎても満席状態だったのに、今では11時過ぎでこの状態ですよ。
A: 最近同じような店が周りにたくさんできてきましたからね。
B: この中で生き残るのは難しいでしょうね。
A: このままでは、私たちアルバイトの首も危ないですよ。
B: 実は僕、もう次のアルバイトの口を探しています。友達にも頼んであるし。
A: え、もう？　行動が早いですね。
B: 佐々木さんも早く見つけた方がいいですよ。

Vocabulary

このところ:＿＿＿＿　閉店:＿＿＿＿　満席:＿＿＿＿　状態:＿＿＿＿
周り:＿＿＿＿　生き残る:＿＿＿＿　このまま:＿＿＿＿　危ない:＿＿＿＿
アルバイトの口:＿＿＿＿　行動:＿＿＿＿

Role Play これからどうなるか予測してみましょう。

A: あなたは大学の教授です。授業で、少子化問題について話し合っています。これからどうなっていくと思うか、学生に意見を聞いてみてください。

B: あなたは大学の学生です。授業で、少子化問題について話し合っています。これからのことを予測してみてください。

A: 最近、少子化が問題になっていますが、_____さんはこれから、どうなっていくと思いますか。

B: _____ていくと思います。

A: 原因は何でしょうか。

B: 一番の原因は_____だと思います。
昔に比べて、_____てきたと思います。

Sample Dialogue

A: この頃、一人っ子が増えてきましたね。

B: はい、私も一人っ子ですし、私のまわりにも一人っ子が多いです。

A: 最近、少子化が問題になっていますが、山下さんはこれから、どうなっていくと思いますか。

B: 少子化はどんどん進んでいくと思います。

A: 原因は何でしょうか。

B: 一番の原因は教育費だと思います。昔に比べて、子供の教育にかかる費用が増えてきたと思います。

A: そうですね。これからも増えていくでしょうか。

B: はい、これからも親の負担が大きくなっていくと思います。

Vocabulary

予測する:_____ 少子化問題:_____ 話し合う:_____ 原因:_____
一人っ子:_____ 進む:_____ 教育費:_____ かかる:_____
費用:_____ 負担:_____

Listening

🎧 32

● よく聞いて、例のように記号を書きましょう。

a.
b.
c.

d.
e.
f.

g.
h.
i.

例	1	2	3	4	5	6
b						

Vocabulary

冷(ひ)やす: _____　　書類(しょるい): _____　　ポスター: _____
貼(は)る: _____　　封切(ふうぎ)り: _____

62　わくわく 日本語 中級 1

Reading

🎧 33

• イクメン

みなさんは「イケメン」という言葉を知っていますか。「かっこいい」「魅力的だ」を意味する『イケている』と、顔を意味する『面』、または男性を意味する英語の『men』からできた言葉で、「かっこいい男性」という意味です。では、「イクメン」という言葉はどういう意味でしょうか。「イケメン」が変化した言葉で、育児を積極的にする男性、育児を楽しんでする男性という意味です。最近の日本では、女性の代わりに育児休暇を取って積極的に育児をする男性が増えてきていて、そういう男性をほめるという意味でできたのが「イクメン」です。

1 「イケメン」というのはどういう意味ですか。
　_____

2 「イクメン」というのはどういう意味ですか。
　_____

3 どうして「イクメン」という言葉ができましたか。
　_____

4 あなたの周りには「イクメン」がいますか。
　_____

Vocabulary

かっこいい: _____　魅力的だ: _____　イケている: _____　面: _____
変化する: _____　育児: _____　積極的だ: _____　楽しむ: _____
〜の代わりに: _____　育児休暇を取る: _____　ほめる: _____

Unit 5　63

NEW ワクワク 日本語 中級 1

UNIT 6

ワクワク

Lesson Plan 🎧 34〜39

- 度を超えた状態について話す
- 完了することを話す
- 残念、または後悔する気持ちを話す
- 他の人に望むことを話す

Activity 1 度を超えた状態を言ってみましょう。

🎧 34

①
A: 顔色がよくないですね。二日酔いですか。
B: ええ。昨日ちょっと飲みすぎました。

②
A: お客様、このワンピースはいかがですか。
B: 私は地味な方なので、これは派手すぎると思います。

③
A: このバッグ、かわいいですけど、30万円もしますよ。
B: その値段じゃ、高すぎて買えませんね。

④
A: 君のような部下は会社に必要ない！
B: それはちょっと言いすぎじゃないですか。彼がかわいそうですよ。

Check Point

1. 〜すぎる / すぎだ：度が過ぎていることを表す。

   | A・語幹 + すぎる(すぎだ) | V−ます + すぎる(すぎだ) |

   ① 彼は慎重すぎて、なかなか決断ができない。
   ② おいしすぎて、つい食べすぎました。

2. 普通形・丁寧形 + ので：客観的な原因や理由　　*N / ナA・語幹 + なので

   ① 今が一番忙しい時期なので、毎日残業です。
   ② ただいま修理中ですので、お使いできません。
   ③ 都会は物価が高いので、住みにくいです。

Vocabulary

二日酔い：_____　地味だ：_____　派手だ：_____　値段：_____　かわいそうだ：_____
慎重だ：_____　決断する：_____　つい：_____　物価：_____

Activity 2 完了、または後悔していることを話してみましょう。

🎧 35

①
A: 彼にうそをついてしまいました。
B: 正直に話して、謝った方がいいですよ。

②
A: 一日中立っていたので、足が棒になってしまったよ。
B: 今日はこの辺で引き上げましょうか。

③
A: あ、家に財布を置いてきちゃった。
B: 先輩はおっちょこちょいですね。お金貸しましょうか。

Check Point

● V-て + しまう(＝ちゃう / じゃう)
① 大事な会議があるのに、寝坊してしまった。
② 先生にカンニングがばれちゃった。(＝ばれてしまった)
③ あれ？ 金魚がみんな死んじゃったよ。(＝死んでしまった)
④ 息子がかわいくて、つい甘やかしちゃいますね。(＝甘やかしてしまいます)

Vocabulary

うそをつく:＿＿＿＿＿＿＿＿＿   正直に:＿＿＿＿＿＿＿＿＿   謝る:＿＿＿＿＿＿＿＿＿
足が棒になる:＿＿＿＿＿＿   引き上げる:＿＿＿＿＿＿＿   おっちょこちょい:＿＿＿＿
寝坊する:＿＿＿＿＿＿＿＿   カンニング:＿＿＿＿＿＿＿   ばれる:＿＿＿＿＿＿＿＿
金魚:＿＿＿＿＿＿＿＿＿＿   甘やかす:＿＿＿＿＿＿＿＿

Activity 3 願望を伝えましょう。

🎧 36

①
A: 私の気持ちを分かってほしいのに……。
B: 男の人は鈍感だから、言葉で表現した方がいいですよ。

②
A: 町内で空き巣の被害が増えているそうですよ。
B: 早く犯人を捕まえてほしいですね。

③
A: またその話ですか。
B: 飲み会まで来て、仕事の話はしないでほしいですね。

Check Point

🟢 ～ほしい：願望を伝える。

> V-て + ほしい
>
> V-ない + で + ほしい

① 子育てがしやすいように、もっと保育所を増やしてほしい。
② 早く夏休みが来てほしいですね。
③ 同僚の陰口は言わないでほしいです。

Vocabulary

鈍感だ：＿＿＿＿　町内：＿＿＿＿　空き巣：＿＿＿＿　被害：＿＿＿＿　犯人：＿＿＿＿
捕まえる：＿＿＿＿　子育て：＿＿＿＿　保育所：＿＿＿＿　増やす：＿＿＿＿　陰口を言う：＿＿＿＿

Activity
Check up

1 度を超えた状況や経験について話してみましょう。

> 例 最近、暑すぎて外に出るのが嫌です。

① _____
② _____
③ _____

2 完了したことや後悔していることを話してみましょう。

> 例 パソコンがウィルスに感染して壊れてしまいました。

① _____
② _____
③ _____

3 社長に望むことを話してみましょう。

> 例 給料をもう少し上げてほしいです。

① _____
② _____
③ _____

Vocabulary

ウィルス:_____ 感染する:_____ 壊れる:_____
給料:_____   上げる:_____

Conversation

A: 柳沢さん、あそこの高校生たち、うるさすぎませんか。

B: ええ、地下鉄の中では静かにしてほしいですよね。

A: この前、バスに乗った時も高校生たちがうるさくて、つい叱ってしまいました。

B: 高校生たち、謝りましたか。

A: いえいえ、逆ににらんできて、怖かったです。

B: 最近の若い子たちは、公共の場でのマナーがなっていませんね。

A: そういう子たちがそのまま大人になって……。一体どんな世の中になってしまうでしょうか。

B: やっぱり小さい頃からのしつけが大事ですね。

Vocabulary

叱る：＿＿＿＿＿＿　謝る：＿＿＿＿＿＿　逆に：＿＿＿＿＿＿　にらむ：＿＿＿＿＿＿

公共の場：＿＿＿＿＿＿　そのまま：＿＿＿＿＿＿　世の中：＿＿＿＿＿＿　しつけ：＿＿＿＿＿＿

大事だ：＿＿＿＿＿＿

Role Play 望んでいることを伝えてみましょう。

🎧 38

A: あなたはマンションに引っ越してきました。引っ越してきて1ヶ月ぐらいになります。上の階の人が夜遅くピアノを弾いて、寝られません。それに、水漏れもします。マンションの管理事務所の所長Bにあいさつをして、望んでいることを伝えてみましょう。

B: あなたはマンションの管理事務所の所長です。新しく引っ越してきたAとあいさつをして、Aの話を聞いてください。

A: 先月引っ越してきた＿＿＿＿＿＿＿＿＿＿＿＿です。よろしくお願いします。

B: ＿＿＿＿＿＿＿さんですね。マンション生活で、何か困ったことはありませんか。

A: ええ、あの、実は＿＿＿＿＿＿＿＿＿＿＿＿＿＿＿＿＿て(で)ほしいです。

B: ああ、私から注意しておきます。

A: あと、ベランダーから水漏れするので、＿＿＿＿＿＿＿＿＿＿＿てほしいんですが。

B: はい、分かりました。

Sample Dialogue

A: 先月引っ越してきた新谷です。よろしくお願いします。
B: 新谷さんですね。マンション生活で、何か困ったことはありませんか。
A: ええ、あの、実は上の階の人が夜11時過ぎまでピアノを弾いているので、夜あまり寝られません。
B: ああ、それはいけませんね。私から注意しておきます。
A: ありがとうございます。できれば夜9時以降は弾かないでほしいです。
B: はい、分かりました。他には何か？
A: あと、ベランダから水漏れするので、ちょっと見てほしいんですが。
B: はい、じゃあ今から一緒に見に行きましょう。

Vocabulary

弾く:＿＿＿＿＿＿＿＿＿＿　水漏れ:＿＿＿＿＿＿＿＿＿＿　管理事務所:＿＿＿＿＿＿＿＿＿＿
所長:＿＿＿＿＿＿＿＿＿＿　注意する:＿＿＿＿＿＿＿＿＿＿

Unit 6　71

Exercise

1 例のように、☐の中から選んで、＿＿＿に合う形に変えて入れてみましょう。

> 待っている　　食べる　　帰る　　増やす

例　A: 他に何か意見はありますか。
　　B: 休みをもう少し＿＿＿増やし＿＿＿てほしいです。

① A: 中谷先輩、酒癖悪いですね。
　　B: 本当に。雰囲気が悪くなるから、早く＿＿＿＿＿＿＿＿てほしいですね。

② A: 僕が留学を終えて帰ってくるまで＿＿＿＿＿＿＿＿てほしい。
　　B: ええ、真彦さん。もちろんです。

③ A: 子供たちにもっと＿＿＿＿＿＿＿＿てほしいですが、みんな少食で。
　　B: そのうちよくなりますから、心配しないでください。

2 ☐の中から選んで、＿＿＿に合う形に変えて入れてみましょう。

> 使う　　飲む　　言いすぎる　　泣く

① A: 興奮しすぎて、子供の前で＿＿＿＿＿＿＿＿てしまいました。
　　B: 大丈夫ですか。子供の前ではなるべくそうしない方がいいですよ。

② A: 昨日は＿＿＿＿＿＿＿＿てしまって、すみませんでした。
　　B: いえ、僕の方も悪かったですから、気にしないでください。

③ A: バナナジュース、まだ残っていますか。
　　B: あ、さっき私が全部＿＿＿＿＿＿＿＿じゃいました。

④ A: 今月の給料、もう全部＿＿＿＿＿＿＿＿ちゃったよ。
　　B: 次の給料日まであと1週間もあるけど、どうするの？

Vocabulary

酒癖：＿＿＿＿＿＿＿　　雰囲気：＿＿＿＿＿＿＿　　少食：＿＿＿＿＿＿＿
興奮する：＿＿＿＿＿＿＿　　残る：＿＿＿＿＿＿＿　　給料：＿＿＿＿＿＿＿

72　わくわく 日本語 中級 1

Listening

① どんな1日でしたか。よく聞いて、合うものを全部チェックしましょう。

a.  b.  c.

d.  e.  f.

② 夫に何を望んでいますか。よく聞いて、合うものを全部チェックしましょう。

a.  b.  c.

d.  e.  f.

Vocabulary

散々だ:＿＿＿＿＿＿　寝坊する:＿＿＿＿＿＿　乗り遅れる:＿＿＿＿＿＿　バタバタする:＿＿＿＿＿＿
珍しく:＿＿＿＿＿＿　資料:＿＿＿＿＿＿　探す:＿＿＿＿＿＿　仕上げる:＿＿＿＿＿＿
厳しい:＿＿＿＿＿＿　減点:＿＿＿＿＿＿　せっかく:＿＿＿＿＿＿　残念だ:＿＿＿＿＿＿
学食:＿＿＿＿＿＿　バイト先:＿＿＿＿＿＿　転ぶ:＿＿＿＿＿＿　汚す:＿＿＿＿＿＿
家事:＿＿＿＿＿＿　ゴミ出し:＿＿＿＿＿＿　相手:＿＿＿＿＿＿　実際:＿＿＿＿＿＿
不満:＿＿＿＿＿＿　なるべく:＿＿＿＿＿＿

NEW ワクワク 日本語 中級 1

Activity 1 仮定して話してみましょう。

🎧 40

①
A: 明日、もし暇だったら映画を見に行きませんか。
B: 暇ですが、40代の男同士で映画はちょっと……。

②
A: 暑かったら、窓を開けてもいいですよ。
B: でも、窓を開けたら蚊が入ってきますよ。

③
A: 気をつけて帰ってください。
B: はい。家に着いたら連絡します。

④
A: 会いたいです。
B: 残業じゃなかったら、今すぐにでも飛んでいきたいです。

Check Point

● ～たら + 現在時制：仮定

| N-た + たら | ナA-た + たら | イA-た + たら | V-た + たら |

① 彼女が独身だったら付き合ってみたいですね。
② 僕がハンサムだったら、もう少しモテたと思いますよ。
③ 忙しかったら、来週でもかまいません。
④ ジュースを飲んだら、ゴミ箱に捨ててください。

Vocabulary

～同士：_____　蚊：_____　気をつける：_____　着く：_____　今すぐにでも：_____
独身：_____　モテる：_____　かまう：_____　ゴミ箱：_____　捨てる：_____

Activity 2 提案してみましょう。

🎧 41

①
A: 森田さんと連絡がつながらなくて、困っています。
B: 実家の方に連絡してみたらどうですか。

②
A: 最近、にきびが増えて悩んでいます。
B: 漢方薬を飲んでみたらどうですか。

③
A: 最近、どうも体の調子がよくないな。
B: タバコをやめたらどう？

Check Point

- V-た + たら どう(ですか) : 提案・勧誘

① 店長、アルバイトをもう一人雇ったらどうですか。
② そろそろ新しい携帯に替えたらどうですか。
③ いい加減、お酒をやめたらどうですか。
④ ネットで検索してみたらどう？

Vocabulary

つながる: ＿＿＿＿＿　困る: ＿＿＿＿＿　実家: ＿＿＿＿＿　にきび: ＿＿＿＿＿
悩む: ＿＿＿＿＿　漢方薬: ＿＿＿＿＿　調子: ＿＿＿＿＿　やめる: ＿＿＿＿＿
雇う: ＿＿＿＿＿　替える: ＿＿＿＿＿　いい加減: ＿＿＿＿＿　ネット: ＿＿＿＿＿
検索する: ＿＿＿＿＿

Unit 7　77

Activity 3 発見したことについて話してみましょう。

🎧 42

①
A: 昨日の試写会はどうでしたか。
B: 映画館に着いたら、もう終わっていました。

②
A: 自分でパソコンを組み立てたそうですね。
B: 失敗です。スイッチをつけたら爆発してしまいました。

③
A: ジョギングをしたら、気分がすっきりしました。
B: 今度、私も誘ってください。

Check Point

● V-た + たら + 過去時制：発見
① 教室に行ったら誰もいなかった。
② この薬を飲んだら咳が止まりました。
③ トンネルを抜けたら海が見えた。
④ 家に電話したら留守でした。

Vocabulary

試写会：＿＿＿＿＿　　組み立てる：＿＿＿＿＿　　失敗：＿＿＿＿＿　　スイッチ：＿＿＿＿＿
爆発する：＿＿＿＿＿　ジョギング：＿＿＿＿＿　　すっきりする：＿＿＿＿＿　誘う：＿＿＿＿＿
咳が止まる：＿＿＿＿＿　トンネル：＿＿＿＿＿　　抜ける：＿＿＿＿＿　　留守：＿＿＿＿＿

Activity: Check up

1 仮定の意味の「〜たら」の文を完成してみましょう。

① 交通が便利だったら、_____。
② あと10歳若かったら、_____。
③ 定年退職したら、_____。
④ 私が大統領だったら、_____。

2 発見の意味の「〜たら」の文を完成してみましょう。

① ボタンを押したら、_____。
② 窓の外を見たら、_____。
③ 引き出しを開けたら、_____。

3 「〜たらどうですか」使って、会話文を完成してみましょう。

① (交番に届ける)
A: 財布を落としてしまいました。
B: 早く_____。

② (さきに連絡する)
A: また彼とけんかしちゃった。あれから連絡もないの。
B: _____。

Vocabulary

定年退職する:_____ 大統領:_____ ボタン:_____
押す:_____ 引き出し:_____ 交番:_____
届ける:_____ 落とす:_____ けんかする:_____

Conversation

A: 週末もし雨が降ったら、キャンプは中止にしますか。

B: うーん、そうですねえ。子供たちはがっかりするでしょうね。

A: どしゃぶりの雨じゃなかったら、やりましょうよ。

B: イベントはキャンプ場の横の建物でできますか。

A: はい。当日雨だったら、私が前もってキャンプ場の方に連絡しておきます。

B: でも建物の中だったら、キャンプファイヤーはできませんね。

A: キャンプファイヤーの代わりに、なわとび大会をしたらどうでしょうか。

B: あ、それはいいですね。

Vocabulary

キャンプ:＿＿＿＿＿　　中止:＿＿＿＿＿　　がっかりする:＿＿＿＿＿

どしゃぶり:＿＿＿＿＿　イベント:＿＿＿＿＿　キャンプ場:＿＿＿＿＿

当日:＿＿＿＿＿　　　　前もって:＿＿＿＿＿　キャンプファイヤー:＿＿＿＿＿

〜の代わりに:＿＿＿＿＿　なわとび大会:＿＿＿＿＿

Role Play お付き合いを勧めてみましょう。

🎧 44

A: あなたは会社員です。あなたは結婚していますが、同僚の男性Bは36歳で独身です。Bに知り合いの独身女性を勧めてみてください。

B: あなたは会社員です。独身ですが、まだ結婚する気はありません。Aの勧めを断ってください。

A: _____さん、私の知り合いで_____がいますが、紹介しましょうか。
B: いや、_____。
A: そんなこと言っていたら、_____。
　　とにかく、一度会ってみたらどうですか。
B: いえ、僕はまだ_____ので、いいです。

Sample Dialogue

A: 島本さん、今、付き合っている女性はいますか。
B: いえ、特にいませんが。
A: 私の知り合いでかわいい女性がいますが、紹介しましょうか。
B: いや、いいですよ。
A: そんなこと言っていたら、結婚できませんよ。
B: いまどき、36歳で独身なんて、珍しくありませんよ。
A: とにかく、一度会ってみたらどうですか。
B: いえ、僕はまだまだ結婚する気がないので、いいです。

Vocabulary

同僚:_____　知り合い:_____　独身:_____　断る:_____
付き合う:_____　特に:_____　いまどき:_____　～なんて:_____
珍しい:_____　とにかく:_____

Unit 7　81

Listening 🎧 45

🟢 よく聞いて、例のように記号を書きましょう。

a.    b.    c.

d. 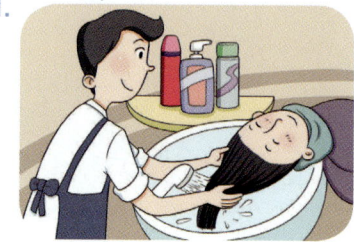   e.    f.

g.    h.    i.

例	1	2	3	4	5	6	7
c							

Vocabulary

億: _____
借金: _____
返す: _____
案内する: _____
顔色: _____
お湯: _____
痒い: _____

Reading

● 裸祭り

日本にはいろいろなお祭りがありますが、私は日本で見たお祭りの中で、裸祭りが一番衝撃的でした。裸祭りは全国各地にあって、私が見たのは岩手県の黒石寺蘇民祭でした。参加する男性たちがみんな裸になってもみ合っている様子を見て、最初は言葉が出ませんでした。でも雪の季節、しかも夜中に裸になって真剣に参加している人たちの熱気はすごかったです。昔は本当の裸でしたが、観光客が多くなって、今はふんどしをつけています。機会があったらぜひ一度、見に行ってください。

1　この人が見たのはどこの裸祭りでしたか。
_____

2　裸祭りを最初に見て、この人はどうでしたか。
_____

3　裸祭りを見たのはいつでしたか。
_____

4　参加者はどんな格好をしていますか。
_____

Vocabulary

いろいろな:＿＿＿＿　祭り:＿＿＿＿　裸:＿＿＿＿　衝撃的だ:＿＿＿＿
全国各地:＿＿＿＿　もみ合う:＿＿＿＿　様子:＿＿＿＿　しかも:＿＿＿＿
夜中:＿＿＿＿　真剣だ:＿＿＿＿　熱気:＿＿＿＿　すごい:＿＿＿＿
ふんどし:＿＿＿＿　機会:＿＿＿＿

Unit 7　83

NEW ワクワク 日本語 中級 1

UNIT 8

ワクワク

Lesson Plan 🎧 47〜52

- 例えて話す
- 例を示す
- 典型的な性質を表す

Activity 1 　何かに例えて表現してみましょう。

🎧 47

① A: 昨日ケチャップがついた服、どうしましたか。
　 B: ドライクリーニングをしたら、まるで新品のようにきれいになりました。

② A: 夏川さん、ハワイ旅行が当たったそうですね。
　 B: ええ。まるで夢を見ているようです。

③ A: あの子犬、かわいい！まるでぬいぐるみみたいですね。
　 B: 本当。私もあんな犬を飼いたいです。

④ A: 宇多田さん、まるで歌手が歌っているみたいに上手ですね。
　 B: ありがとうございます。実は一昨日、オーディションを受けてきました。

Check Point

1 (まるで) 〜ようだ：比喩

> N + の ようだ　　　V・普通形 + ようだ

① 彼女は、まるで小鳥のようによくしゃべりますね。
② まるでバケツを引っくり返したような大雨だよ。

2 (まるで) 〜みたいだ：比喩

> N + みたいだ　　　V・普通形 + みたいだ

① あの雲は、まるで人の顔みたいな形をしていますね。
② この店の雰囲気は、まるでヨーロッパにいるみたい。

Vocabulary

新品：＿＿＿＿　　当たる：＿＿＿＿　　子犬：＿＿＿＿　　ぬいぐるみ：＿＿＿＿
飼う：＿＿＿＿　　実は：＿＿＿＿　　一昨日：＿＿＿＿　　オーディション：＿＿＿＿
受ける：＿＿＿＿　　しゃべる：＿＿＿＿　　バケツ：＿＿＿＿　　引っくり返す：＿＿＿＿
大雨：＿＿＿＿　　雲：＿＿＿＿　　形：＿＿＿＿

Activity 2 例を挙げて言ってみましょう。

🎧 48

①

A: テレビドラマのような恋愛に憧れます。
B: 現実はそんなに甘いものじゃないですよ。

②

A: 陰で私の悪口を言っているそうですね。
B: え？ 僕がそんなことをするような人間に見えますか。

③

A: モデルみたいにスマートになりたいです。
B: じゃあ今日からお菓子は禁止ですね。

Check Point

- 〜ような (ように) / 〜みたいな (みたいに) : 例示
  ① 私は、生徒たちをわが子のように愛しています。
  ② 平気でうそをつくような人は嫌いです。
  ③ あなたみたいなエリートに、私の気持ちは理解できません。
  ④ 私も富岡さんみたいに、英語が上手になりたいです。

Vocabulary

恋愛:＿＿＿　憧れる:＿＿＿　現実:＿＿＿　甘い:＿＿＿　陰:＿＿＿
悪口を言う:＿＿＿　人間:＿＿＿　スマート:＿＿＿　禁止:＿＿＿
生徒:＿＿＿　わが子:＿＿＿　愛する:＿＿＿　平気だ:＿＿＿　エリート:＿＿＿

Activity 3 ふさわしさについて話してみましょう。

🎧 49

①

A: 日本らしい景色が見てみたいです。
B: それじゃあ、京都がお勧めですよ。

②

A: もっと社会人らしく、責任感を持って仕事をしてください。
B: すみません。以後気をつけます。

③

A: 今日のプレーには、プロらしさが感じられませんね。
B: そうですね。ファンもがっかりしていると思います。

Check Point

🟢 N + らしい

① いかにも日本人らしい考え方ですね。
② 子供らしい無邪気さがかわいいですね。
③ 男らしく、すぱっと諦めたらどうですか。
④ 若者らしく、失敗を恐れないでチャレンジしよう。

Vocabulary

景色: _____　お勧め: _____　責任感: _____　以後: _____
ファン: _____　がっかりする: _____　いかにも: _____　考え方: _____
無邪気さ: _____　すぱっと: _____　諦める: _____　若者: _____
恐れる: _____　チャレンジする: _____

Activity

Check up

1 「まるで~のようだ(みたいだ)」を使って表現し、その理由を話してみましょう。

① お母さん(お父さん)は、まるで＿＿＿＿＿＿＿＿＿＿＿＿＿＿＿＿＿＿＿＿＿＿＿＿＿＿＿＿＿。

　理由：＿＿＿＿＿＿＿＿＿＿＿＿＿＿＿＿＿＿＿＿＿＿＿＿＿＿＿＿＿＿＿＿＿＿＿＿＿。

② 先生は、まるで＿＿＿＿＿＿＿＿＿＿＿＿＿＿＿＿＿＿＿＿＿＿＿＿＿＿＿＿＿＿＿＿＿。

　理由：＿＿＿＿＿＿＿＿＿＿＿＿＿＿＿＿＿＿＿＿＿＿＿＿＿＿＿＿＿＿＿＿＿＿＿＿＿。

③ 結婚は、まるで＿＿＿＿＿＿＿＿＿＿＿＿＿＿＿＿＿＿＿＿＿＿＿＿＿＿＿＿＿＿＿＿＿。

　理由：＿＿＿＿＿＿＿＿＿＿＿＿＿＿＿＿＿＿＿＿＿＿＿＿＿＿＿＿＿＿＿＿＿＿＿＿＿。

2 「~ような(に)」を使って、質問に答えてみましょう。

① 理想のタイプは、芸能人に例えるとどんな人ですか。

＿＿＿。

② どんな外見や能力がほしいですか。

＿＿＿。

3 あなたの考えを話してみましょう。

① 男らしい男とは？　＿＿＿＿＿＿＿＿＿＿＿＿＿＿＿＿＿＿＿＿＿＿＿＿＿＿＿＿＿。

② 女らしい女とは？　＿＿＿＿＿＿＿＿＿＿＿＿＿＿＿＿＿＿＿＿＿＿＿＿＿＿＿＿＿。

③ 韓国人らしい韓国人とは？　＿＿＿＿＿＿＿＿＿＿＿＿＿＿＿＿＿＿＿＿＿＿＿＿。

④ 日本人らしい日本人とは？　＿＿＿＿＿＿＿＿＿＿＿＿＿＿＿＿＿＿＿＿＿＿＿＿。

Vocabulary

理想：＿＿＿＿＿＿＿　　芸能人：＿＿＿＿＿＿＿＿＿＿　　例える：＿＿＿＿＿＿＿＿＿

外見：＿＿＿＿＿＿＿　　能力：＿＿＿＿＿＿＿＿＿＿

Conversation

A: 久保さん、沖縄に行ってきたそうですね。どうでしたか。
B: 10月なのに、真夏のように暑かったです。
A: 沖縄の夕暮れはとてもきれいだそうですが、本当ですか。
B: ええ、素晴らしかったです。まるでパラダイスにいるような感じで、感動しましたよ。
A: うらやましいですね。沖縄は観光客でいっぱいでしょう。
B: はい、特に外国人が多かったので、外国にいるみたいでした。
A: ああ、私も久保さんみたいに有給があったら、旅行に行きたいですよ。
B: 来月の連休にでもぜひ行ってみてください。

Vocabulary

真夏：_____　　夕暮れ：_____　　素晴らしい：_____　　パラダイス：_____
感動する：_____　　うらやましい：_____　　有給：_____

Role Play 説明してみましょう。

🎧 51

A: あなたは休日に、同じ英会話教室に通っているCの新居へ遊びに行ってきました。その日一緒に行けなかったBに、どんな新居だったか説明してください。

B: あなたは休日に、同じ英会話教室に通っているCの新居へ一緒に遊びに行く予定でしたが、仕事が入って行けませんでした。Cの新居へ行ってきたAに、どんな新居だったか聞いてみてください。

B: _____さんの新居はどうでしたか。

A: _____て、まるでホテルのようなお家でした。

B: そうですか。_____もありましたか。

A: ええ。テレビに出てくるような_____でしたよ。

B: お昼ご飯は何を食べましたか。

A: _____。
　まるで_____ような気分でした。

Sample Dialogue

A: 橋本さん、この間は一緒に行けなくて残念でしたね。

B: ええ、本当に。佐野さんの新居はどうでしたか。

A: 素敵でしたよ。全体的に白で統一してあって、まるでホテルのようなお家でした。

B: 庭もありましたか。

A: ええ、テレビに出てくるような素晴らしいお庭でしたよ。

B: へえ。お昼ご飯は何を食べましたか。

A: 佐野さんの手料理をご馳走になりましたが、これもまた、まるでレストランで食事をしているような気分でした。

B: そうでしたか。ああ、私も行きたかったなあ。

Vocabulary

英会話教室: _____　通う: _____　新居: _____　素敵だ: _____
統一する: _____　手料理: _____　ご馳走になる: _____

Exercise

● (　　)を適当な形に変えて、会話を完成してみましょう。

① A: 小野さんはどんなところに住みたいですか。
　　B: 私は＿＿＿＿＿＿＿＿＿＿みたいな大都会に住んでみたいです。
　　　　　　　(ニューヨーク)

② A: 部長が飲酒運転で捕まったそうですよ。
　　B: お酒を飲んで＿＿＿＿＿＿＿＿＿ような人には見えませんけどね。
　　　　　　　　　　　(運転します)

③ A: 下山さん、今日も残業ですか。
　　B: ええ、＿＿＿＿＿＿＿＿＿ように仕事がたまっているんですよ。
　　　　　　　　(山)

④ A: 素晴らしい景色でしたね。
　　B: ええ、まるで西部映画のワンシーンを＿＿＿＿＿＿＿＿＿ようでした。
　　　　　　　　　　　　　　　　　　　　　　(見ています)

⑤ A: 顔色が悪いですね。まるで＿＿＿＿＿＿＿＿＿みたいな顔ですよ。
　　　　　　　　　　　　　　　　　　(死人)
　　B: 1週間も徹夜が続いているから……。

⑥ A: お前を、人のものを＿＿＿＿＿＿＿＿＿ような子に育てた覚えはない!
　　　　　　　　　　　　　(盗みます)
　　B: ごめんなさい。もうそんなことは二度としません。

⑦ A: マサト君の寝顔はまるで＿＿＿＿＿＿＿＿＿ようですね。
　　　　　　　　　　　　　　　(天使)
　　B: ええ、昼間起きている時は＿＿＿＿＿＿＿＿＿みたいですけどね。
　　　　　　　　　　　　　　　　　　(小悪魔)

Vocabulary

大都会:＿＿＿　飲酒運転:＿＿＿　捕まる:＿＿＿　たまる:＿＿＿　西部映画:＿＿＿
死人:＿＿＿　徹夜:＿＿＿　続く:＿＿＿　盗む:＿＿＿　育てる:＿＿＿
覚え:＿＿＿　寝顔:＿＿＿　天使:＿＿＿　小悪魔:＿＿＿

Listening

🎧 52

① よく聞いて、例のように記号を書きましょう。

	a.	b.	c.	d.

	e.	f.	g.	

例	1	2	3	4	5
a					

② まず絵を見て、その後、よく聞いてメモにチェックしてみましょう。

	絵	メモ
例		a. 恋人ができた b. 大学に合格した ⓒ ハワイ旅行が当たった
1		a. 体の具合が悪い b. お酒を飲みすぎた c. 死んでいる
2		a. モデルになりたい b. ダイエットしたい c. やせたい

Vocabulary

似る:＿＿＿　羊:＿＿＿　オウム:＿＿＿　初雪:＿＿＿　嬉しい:＿＿＿
雪だるま:＿＿＿　氷:＿＿＿　進む:＿＿＿　込む:＿＿＿　事故:＿＿＿
ラッシュアワー:＿＿＿　頬:＿＿＿　真っ赤だ:＿＿＿　合格する:＿＿＿
確かに:＿＿＿　いびきをかく:＿＿＿　酔っ払い:＿＿＿

NEW ワクワク 日本語 中級 1

Activity 1 条件を仮定して言ってみましょう。

🎧 53

① A: これから、橋本さんに会って来ます。
　　B: 彼に会うなら、この手紙を渡してくださいませんか。

② A: 寒いなら、暖房をつけましょうか。
　　B: いや、大丈夫です。電気代がもったいないですから。

③ A: あの山から見える景色は絶景ですよ。
　　B: そんなにきれいなら、ぜひ見てみたいですね。

④ A: あのスーパー、今日割引きセールをするそうですね。
　　B: ええ。2000円の牛肉が、今日なら半額で買えるそうですよ。

Check Point

● 〜なら：条件を仮定する。

N + なら	ナA・語幹 + なら	イA / V・普通形 + なら

① 彼なら、きっとどこに行っても成功すると思います。
② 一人で帰るのが不安なら、一緒に帰りましょう。
③ 忙しいなら、無理しなくてもいいですよ。
④ タバコを吸うなら、喫煙室で吸ってください。

Vocabulary

渡す:＿＿＿＿＿＿　暖房:＿＿＿＿＿＿　電気代:＿＿＿＿＿＿
もったいない:＿＿＿　絶景:＿＿＿＿＿＿　割引き:＿＿＿＿＿＿
半額:＿＿＿＿＿＿　成功する:＿＿＿＿＿　喫煙室:＿＿＿＿＿＿

Activity 2 条件を言ってみましょう。

①

A: 荷物はいつ頃届く予定ですか。
B: 早ければ、明日の午前中には届くと思います。

②

A: もしよければ、一緒に食事でもいかがですか。
B: すみません。これからちょっと用事があって……。

③

A: イメチェンをしてみたいです。
B: 髪型を変えれば、ずいぶん印象が変わりますよ。

Check Point

● 〜ば：条件

| イA・語幹 + ければ | V・語尾 [u → e] + ば |

① もう少し家賃が安ければ契約したいですけど……。(安い)
② 終わりが悪ければ、今までの努力も意味がありませんよ。(悪い)
③ 謝れば済む問題ではありません。(謝る)
④ この実験が成功すれば、ノーベル賞も夢じゃない。(成功する)

Vocabulary

届く：＿＿＿＿＿　イメチェン：＿＿＿＿＿　変える：＿＿＿＿＿　印象：＿＿＿＿＿
家賃：＿＿＿＿＿　契約する：＿＿＿＿＿　終わり：＿＿＿＿＿　努力：＿＿＿＿＿
謝る：＿＿＿＿＿　済む：＿＿＿＿＿　実験：＿＿＿＿＿　ノーベル賞：＿＿＿＿＿

Activity 3 進行に伴う変化について話してみましょう。

🎧 55

①
A: 杉原さん、辛くないですか。
B: 大丈夫です。この料理は、辛ければ辛いほどおいしいですよ。

②
A: 子供がうるさくしてすみません。
B: いえいえ。家族は賑やかなら賑やかなほどいいものですよ。

③
A: 金子さん、さっきから噛んでいるものは何ですか。
B: するめですよ。するめは、噛めば噛むほど味が出てきますからね。

Check Point

● 進行に伴う変化

> ナA: 〜なら 〜なほど
> イA: 〜ければ 〜いほど
> V: 〜eば 〜uほど

① 電気製品は操作が簡単なら簡単なほどいいですね。
② 目標が高ければ高いほど、達成感は大きい。
③ 性能がよければよいほど、値段は高くなります。
④ 田中さんは、見れば見るほど、おもしろい顔ですね。

Vocabulary

辛い:＿＿＿ 噛む:＿＿＿ するめ:＿＿＿ 味が出る:＿＿＿ 電気製品:＿＿＿
操作:＿＿＿ 目標:＿＿＿ 達成感:＿＿＿ 性能:＿＿＿ 値段:＿＿＿

Activity: Check up

1 例のように「〜なら」を使って、文を完成してみましょう。

> 例 私が(お金持ち)、世界一周をしたいです。
> → 私が<u>お金持ちなら</u>、世界一周をしたいです。

① (釜山の案内)、私に任せてください。
→ _____。

② (新宿へ行く)、地下鉄が一番早いですよ。
→ _____。

③ (食べたくない)、残してもいいですよ。
→ _____。

2 例のように「〜ば」を使って、文を完成してみましょう。

> 例 暑い / 窓を開ける → <u>暑ければ</u>、窓を開けましょうか。

① 寒い / 暖房をつける
→ _____ ましょうか。

② 分からない所がある / 何でも聞く
→ _____ てください。

③ 日当たりがいい / 家賃が高い
→ _____ なりますね。

3 (　　)の単語を使って、「〜ば〜ほど」で言い表わしてみましょう。

① (考える)：_____ 不思議ですね。

② (習う)：日本語は_____。

③ (多い)：友達は_____ いいですね。

④ (上手だ)：この仕事をするには、英語が_____ 有利ですね。

Vocabulary

一周：_____　　任せる：_____　　残す：_____　　日当たり：_____

不思議だ：_____　　習う：_____　　有利だ：_____

Conversation

A: すみません。これとこれ、同じように見えますが、何が違いますか。
B: ああ、それは裏の柄が違います。でも値段は同じですよ。
A: そうですか。値段が同じなら、こっちの柄の方がいいですね。いくらですか。
B: 5,300円です。
A: けっこうしますね。もう少し安ければ買えるのに……。
B: じゃ、こちらはどうですか。それよりもサイズは少し小さくなりますが、値段は4,200円です。
A: デザインもいいですね。この柄しかありませんか。さっきの柄と同じものがあれば、それにします。
B: はい、ございます。少々お待ちください。

Vocabulary

違う:＿＿＿＿＿＿＿　裏:＿＿＿＿＿＿＿　柄:＿＿＿＿＿＿＿
さっき:＿＿＿＿＿＿＿　ございます:＿＿＿＿＿＿＿　少々:＿＿＿＿＿＿＿

Role Play 条件を言ってみましょう。

🎧 57

A: あなたは独身のOLです。最近、社内で結婚が決まった人が多いです。独身の同僚Bとその話をして、結婚相手に望む条件について聞いてみてください。

B: あなたは独身のOLで、先月彼と別れました。最近、社内で結婚が決まった人が多くて、少し焦っています。同僚Aに、結婚相手に望む条件について話してください。

A: ＿＿＿＿＿＿＿＿＿＿さんは彼氏、いましたよね？
B: あ、彼とは＿＿＿＿＿＿＿＿＿＿＿＿＿＿＿＿。誰かいい人、いないでしょうか。
A: 結婚相手はどんな人がいいですか。
B: そうですね。外見は＿＿＿＿＿＿＿＿＿ば＿＿＿＿＿＿＿＿＿ほどいいです。
A: 性格は？
B: 性格は＿＿＿＿＿＿＿＿＿＿＿＿＿＿＿＿＿＿＿＿＿＿人が好きです。

Sample Dialogue

A: 総務課の今井さん、10月に結婚するそうですよ。
B: 営業1課の舟橋さんも12月に決まったらしいですし、何だか焦っちゃいますね。
A: 川上さんはそういう話、ありませんか。彼氏、いましたよね？
B: あ、彼とは先月、別れちゃいました。誰かいい人、いないでしょうか。
A: 結婚相手はどんな人がいいですか。
B: そうですね。私は外見重視なので、ハンサムならハンサムなほどいいです。
A: 性格は関係ありませんか。
B: もちろん性格もよければ言うことありませんけど、まずは外見が第一です。

Vocabulary

社内: ＿＿＿＿＿＿＿＿　結婚相手: ＿＿＿＿＿＿＿＿　望む: ＿＿＿＿＿＿＿＿
別れる: ＿＿＿＿＿＿＿＿　焦る: ＿＿＿＿＿＿＿＿　総務課: ＿＿＿＿＿＿＿＿
営業: ＿＿＿＿＿＿＿＿　外見重視: ＿＿＿＿＿＿＿＿　性格: ＿＿＿＿＿＿＿＿

Unit 9　101

Listening

① 何を買いますか。例のように、選んだものをチェックしましょう。

② よく聞いて、例のように記号を書きましょう。

例	1	2	3
a			

Vocabulary

サンダル:＿＿＿＿＿　　ヒール:＿＿＿＿＿　　日付:＿＿＿＿＿　　新鮮だ:＿＿＿＿＿

お見舞い:＿＿＿＿＿　　詰め合わせ:＿＿＿＿＿　　目覚まし時計:＿＿＿＿＿　　合わせる:＿＿＿＿＿

釣り:＿＿＿＿＿　　注射を打つ:＿＿＿＿＿　　守る:＿＿＿＿＿

102　わくわく 日本語 中級 1

Reading

• はとバス

あなたは日本の中でどこに一番行ってみたいですか。外国人に一番人気があるのはやはり東京です。東京を観光するなら、「はとバス」を利用するのが便利です。皇居や浅草、明治神宮、東京タワー、お台場などを回る一日コースをはじめとして、横浜に行くコース、夜景を楽しむコース、ニューハーフショーを見に行くコースなど、たくさんのコースがあります。鎌倉や箱根まで足を延ばすコースもあります。また最近2階建てオープンバスが登場して、東京の高層ビルや街路樹なども満喫できます。

1　「はとバス」にはどんなコースがありますか。
　　_____

2　最近何が登場しましたか。
　　_____

3　あなたの国にもこのような観光バスがありますか。
　　_____

4　あなたは旅行先で、何に関心を持ちますか。
　　_____

Vocabulary

はと:_____　　皇居:_____　　回る:_____
〜をはじめとして:_____　夜景:_____　　ニューハーフショー:_____
足を延ばす:_____　登場する:_____　　高層ビル:_____
街路樹:_____　満喫できる:_____　　旅行先:_____

NEW ワクワク 日本語 中級 1

Activity 1 義務について話してみましょう。

🎧 60

①
A: 先生、このレポートは水曜までに出さなければなりませんか。
B: はい。必ず、水曜までに出してください。

②
A: 身分証は、コピーでもいいですか。
B: いいえ。原本でなければなりません。

③
A: 長く仕事を続けたいなら、健康でないといけませんよ。
B: 課長、私は健康には自信があります。

④
A: 今度の飲み会はここにしましょう。味はまあまあですけど、安いですから。
B: 安くても、おいしくないとだめですよ。

Check Point

🟢 **義務・必要性**

1. N-ない / ナA-ない / イA-ない / V-ない ＋ 〜なければ ならない：社会常識
① お客さんに対しては、いつも丁寧でなければなりません。(丁寧だ)
② リーダーは、決断力がなければなりません。(ない)

2. N-ない / ナA-ない / イA-ない / V-ない ＋ ないと いけない (だめだ)：個人的な必要性
① 僕でないといけない理由は何ですか。(僕)
② もっと自分を大切にしないとだめだよ。(する)

Vocabulary

必ず：＿＿＿＿＿＿　身分証：＿＿＿＿＿＿　コピー：＿＿＿＿＿＿
原本：＿＿＿＿＿＿　続ける：＿＿＿＿＿＿　飲み会：＿＿＿＿＿＿
丁寧だ：＿＿＿＿＿＿　決断力：＿＿＿＿＿＿　大切だ：＿＿＿＿＿＿

Activity 2 規則や慣例について話してみましょう。

🎧 61

①
A: その服は何ですか。
B: ユニフォームです。わが社では、全員この服を着ることになっています。

②
A: 銀行から借りたお金は、いつまでに返さなければなりませんか。
B: 月に2万円ずつ返すことになっています。

③
A: ここは関係者以外は入ってはいけないことになっています。
B: あ、すみません。道に迷ってしまって……。

Check Point

🟢 規則や慣例

1. V・基本形 + ことになっている
① わが家では、夕食は家族揃って食べることになっています。
② 8時までに、取引先にファクスを送ることになっています。

2. V-ない + ことになっている
① 契約期間中は、解約できないことになっている。
② 未成年には、お酒は販売してはいけないことになっています。

Vocabulary

ユニフォーム:	わが社:	返す:	月に:
～ずつ:	関係者:	道に迷う:	わが家:
家族揃って:	取引先:	契約期間中:	解約する:
未成年:	販売する:		

Unit 10 107

Activity 3 必要性の有無について話してみましょう。

  62

①

A: 履歴書は自筆でなくてもいいですか。
B: ええ、大丈夫ですよ。

②

A: ねえ、椅子はこれしかないけど、もっと丈夫なものが必要かしら。
B: いや、丈夫でなくてもいいよ。

③

A: ここは居間がとても広いですね。
B: うちはまだ子供がいないから、こんなに広くなくてもいいですけどね。

④

A: あの件、部長に報告した方がいいですか。
B: 面倒なことになりますから、しなくてもいいですよ。

Check Point

- N-ない / ナA-ない / イA-ない / V-ない ＋ 〜なくても いい：必要性の有無

　① 人数が少ないから、そんなに広い店でなくてもいいでしょう。(店)
　② 英語はそんなに上手でなくてもいいと思いますよ。(上手だ)
　③ 集合時間は、そんなに早くなくてもいいですよ。(早い)
　④ 今日の合コン、出川君は呼ばなくてもいいよ。(呼ぶ)

Vocabulary

履歴書:＿＿＿＿　自筆:＿＿＿＿　丈夫だ:＿＿＿＿　〜かしら:＿＿＿＿
居間:＿＿＿＿　件:＿＿＿＿　報告する:＿＿＿＿　面倒だ:＿＿＿＿
人数:＿＿＿＿　合コン:＿＿＿＿

108　わくわく 日本語 中級 1

Activity
Check up

1 「～なければならない」「～ないといけない」を使って、あなたが希望する就職先の条件について話してみましょう。

> 例 給料が高くないといけません。

① ＿＿＿＿＿＿＿＿＿＿＿＿＿＿＿＿＿＿＿＿＿＿＿＿＿＿＿＿＿＿＿＿＿＿＿＿＿＿。
② ＿＿＿＿＿＿＿＿＿＿＿＿＿＿＿＿＿＿＿＿＿＿＿＿＿＿＿＿＿＿＿＿＿＿＿＿＿＿。
③ ＿＿＿＿＿＿＿＿＿＿＿＿＿＿＿＿＿＿＿＿＿＿＿＿＿＿＿＿＿＿＿＿＿＿＿＿＿＿。

2 (　　)の単語を「～なくてもいい」の形に変えて、文を完成してください。

① (怒る)：もう終わったことですから、そんなに＿＿＿＿＿＿＿＿＿＿＿＿＿＿＿＿＿＿。
② (ハンサムだ)：顔は＿＿＿＿＿＿＿＿＿＿＿＿＿＿＿けど、背は高い方がいいですね。
③ (いい)：頭は＿＿＿＿＿＿＿＿＿＿＿＿＿から、とにかくかっこいい人が好きです。

3 自分の周りの規則について話してみましょう。

> 例 校則で、髪の毛は短く切ることになっています。

① わが家では、＿＿＿＿＿＿＿＿＿＿＿＿＿＿＿＿＿＿＿＿＿＿＿ことになっています。
② 私の学校では、＿＿＿＿＿＿＿＿＿＿＿＿＿＿＿＿＿＿＿＿＿ことになっています。
③ 室内では、＿＿＿＿＿＿＿＿＿＿＿＿＿＿＿＿＿＿＿＿＿＿＿＿＿ことになっています。

Vocabulary

希望する：＿＿＿＿＿＿＿＿＿＿　　就職先：＿＿＿＿＿＿＿＿＿＿　　怒る：＿＿＿＿＿＿＿＿＿＿
とにかく：＿＿＿＿＿＿＿＿＿＿　　周り：＿＿＿＿＿＿＿＿＿＿　　　校則：＿＿＿＿＿＿＿＿＿＿
髪の毛：＿＿＿＿＿＿＿＿＿＿　　　室内：＿＿＿＿＿＿＿＿＿＿

Conversation

A: この申込書、今日までに出さなければなりませんか。

B: はい、今日の5時までに持ってきてください。

A: はい。あと、証明写真も今日出さなければならないでしょうか。

B: ええ、今日までに申込書と一緒に出さなければならないことになっています。

A: あの、実は証明写真を家に忘れてきてしまって……。明日でもいいですか。

B: 1階にスピード写真機がありますよ。

A: スピード写真機ではうまく撮れないので、明日、家にあるのを持ってきてはいけないでしょうか。

B: そうですね……。分かりました。明日でもいいですよ。

A: ありがとうございます。

Vocabulary

申込書:＿＿＿＿＿＿＿＿＿＿ 証明:＿＿＿＿＿＿＿＿＿＿ スピード写真機:＿＿＿＿＿＿＿＿

うまく:＿＿＿＿＿＿＿＿＿＿

Role Play ふられない方法について話してみましょう。 🎧 64

A: あなたと一緒に働いているBが、好きな女の子(男の子)にふられて元気がありません。Bが女の子(男の子)とうまく付き合えるように、アドバイスをしてみてください。

B: あなたは好きな女の子(男の子)にふられて元気がありません。一緒に働いているAに、どうしたら好きな人とうまくいけるのか、聞いてみてください。

A: どうしましたか。元気がありませんね。
B: また好きな子にふられちゃいました。どうしてでしょうか。
A: ＿＿＿＿さん、女の子(男の子)は＿＿＿＿＿＿＿＿＿が好きですから、＿＿＿＿＿＿＿＿＿＿＿＿＿＿＿＿＿＿＿＿＿＿ないといけませんよ。
B: そうですか。
A: あと、＿＿＿＿＿＿＿＿＿＿＿＿＿＿＿＿＿＿＿＿＿＿＿とだめです。＿＿＿＿さんはもう少し＿＿＿＿＿＿にも気を使ったほうがいいと思いますよ。

Sample Dialogue

A: どうしましたか。元気がありませんね。
B: また好きな子にふられちゃいました。どうして僕はいつもふられるんでしょうか。
A: 神田さん、デートの時、自分が話すタイプですか、彼女の話を聞くタイプですか。
B: うーん、どちらかと言うと、僕が自分の話をすることが多いですね。
A: だめですよ。女の子の話はちゃんと聞かないと。あと、いつも清潔にしていないといけませんよ。
B: 僕、そんなに汚いですか。このズボンもジャンパーもまだ一週間しか着ていませんけど。
A: 毎日同じ服を着るから、きれいに見えないんです。もう少しファッションにも気を使った方がいいと思いますよ。
B: なるほど。さすが宇野さん、大変勉強になりました。

Vocabulary

ふられる:＿＿＿＿＿　うまくいく:＿＿＿＿＿　どちらかと言うと:＿＿＿＿＿
あと:＿＿＿＿＿　清潔だ:＿＿＿＿＿　汚い:＿＿＿＿＿
気を使う:＿＿＿＿＿　なるほど:＿＿＿＿＿　さすが:＿＿＿＿＿

Exercise

● （　　　）の言葉を使って、会話を完成してみましょう。

① A: 応募資格はどうなっていますか。
　 B: (35歳未満)＿＿＿＿＿＿＿＿＿＿なければならないそうです。

② A: これ、残してもいいですか。
　 B: いいえ、自分で取ったものは全部 (食べる)＿＿＿＿＿＿＿＿＿＿なくてはいけません。
　 A: 残したらどうなりますか。
　 B: 残したら罰金を (払う)＿＿＿＿＿＿＿＿＿＿ことになっています。

③ A: 何事にも (慎重だ)＿＿＿＿＿＿＿＿＿＿ないといけませんよ。
　 B: はい、分かっています。

④ A: 気分が悪くなったら途中で出られますか。
　 B: いいえ、一度入ったら (出られない)＿＿＿＿＿＿＿＿＿＿ことになっています。

⑤ A: 提出するのは (本人)＿＿＿＿＿＿＿＿＿＿なくてもいいでしょうか。
　 B: はい、配偶者でも大丈夫ですよ。

⑥ A: 日本の結婚式では、はじめに祝儀を出して決まった席に (座る)＿＿＿＿＿＿＿＿＿＿なければなりませんか。
　 B: はい、座席表を見て、自分の名前がある席に座ってください。

⑦ A: 住田さんの家には門限がありますか。
　 B: いいえ、ありません。何時に帰ってもいいです。亀井さんは？
　 A: うちは厳しくて、毎日7時までに (帰る)＿＿＿＿＿＿＿＿＿＿ないといけません。

Vocabulary

応募資格：＿＿＿　未満：＿＿＿　罰金：＿＿＿　払う：＿＿＿　何事にも：＿＿＿
慎重だ：＿＿＿　途中：＿＿＿　提出する：＿＿＿　本人：＿＿＿　配偶者：＿＿＿
祝儀：＿＿＿　座席表：＿＿＿　門限：＿＿＿

112　わくわく 日本語 中級 1

Listening

🎧 65

● よく聞いて、例のようにチェックしましょう。

	例	1	2
a.			
b.	ⓑ		

	3	4	5
a.			
b.			

Vocabulary

シートベルト：＿＿＿＿＿＿＿＿＿＿　締める：＿＿＿＿＿＿＿＿＿＿　節約する：＿＿＿＿＿＿＿＿＿＿

貯金：＿＿＿＿＿＿＿＿＿＿＿＿＿　人生：＿＿＿＿＿＿＿＿＿＿＿＿　新年：＿＿＿＿＿＿＿＿＿＿＿＿

向ける：＿＿＿＿＿＿＿＿＿＿＿＿　意識する：＿＿＿＿＿＿＿＿＿＿　要注意：＿＿＿＿＿＿＿＿＿＿

接待：＿＿＿＿＿＿＿＿＿＿＿＿＿

Unit 10　113

NEW
ワクワク 日本語 中級 1

付録

UNIT 1
P22

<スクリプト>

1.

例
A: 近藤さんは何かスポーツができますか。
B: テニスと水泳ができます。
A: じゃ、サッカーもできますか。
B: いいえ、サッカーはできません。

1) A: 井上さんは何が得意ですか。
   B: スキーができます。
   A: スノーボードはどうですか。
   B: ボードはまだできません。今、練習中です。

2) A: 倉田さん、ピアノが上手ですね。
   B: ありがとうございます。前に5年ほど、習っていました。
   A: ほかにも楽器ができますか。
   B: ギターも少し弾けます。

3) A: ビルさん、日本料理、作れますか。
   B: イタリア料理は得意ですが、日本料理は作れません。
   A: 私も日本料理が作れないので今度習いに行きますが、一緒に行きませんか。
   B: ええ、ぜひ。

2.

例
A: トムさんは、仲のいい日本人の友達がいますか。
B: はい、2人います。
A: その友達に、何でも話せますか。
B: ええ、話せますよ。

1) A: 小川さんは、好きな人に貯金を全部あげることができますか。
   B: え、全部ですか? 全部は無理です。
   A: じゃ、半分ぐらい?
   B: 難しいですね……。
   A: じゃあ、貸すことはできますか。
   B: うーん……貸すこともできませんね。

2) A: 昨日の夜、寝られましたか。
   B: え? 何かありましたか?
   A: 近所で火事があって……サイレンの音、聞こえませんでしたか?
   B: ええ、全然。私はどんな時でも寝られます。

3) A: この前のオーディションの結果、どうでしたか。
   B: まただめでした。
   A: そうでしたか。
   B: でも、歌手になる夢は諦められないので、また今度も頑張ります。

4) A: この書類、明日までに仕上げられますか。
   B: え、こんなにたくさんの書類を明日までに、ですか?
   A: ええ。急で申し訳ありませんが。
   B: すみませんが、私、今夜は予定があって残業できないので、明日までは無理です。

<正解>

1. 1) e 2) c, h 3) d
2. 1) b 2) a 3) b 4) b

UNIT 2

P33

<スクリプト>

1.

A: 本田さんから招待状、来ましたか。
B: 何の招待状ですか。
A: 本田さん、結婚するらしいですよ。
B: え、また？！
A: 今度の奥さんは10歳年下だそうです。

1) A: 今日のお昼は何を食べに行きましょうか。
   B: 駅前のラーメン屋はどうですか。おいしそうですよ。
   A: ラーメンですか。私はラーメンはちょっと……。
   B: じゃあ、パスタはどうですか。
   A: ええ、いいですよ。行きましょう。

2) A: 矢野先輩は今年、卒業ですね。
   B: 先輩、卒業後はフランスに留学すると言っていましたよ。
   A: フランスでも続けて絵の勉強でしょうか。
   B: いいえ、今度はフランス料理を一から学ぶそうです。
   A: すごいですね。

3) A: 日本旅行、どこがお勧めですか。
   B: そうですね。私も行ったことはありませんが、北海道がいいらしいですよ。
   A: 寒くありませんか。
   B: 冬は雪もたくさん降って、ソウルよりもっと寒いので、夏に行くのがいいそうです。

2.

A: 日本には、ディズニーランドに行ったカップルは別れる、という都市伝説があるらしいですね。
B: はい、私も聞いたことがあります。
A: 他にも、東京都庁はロボットに変身することができるという話も聞きましたけど。
B: そうそう、そんなのもありますよね。誰が言い出したんでしょうね。
A: コーラには骨が溶ける成分が入っているらしいですね。
B: あれ？ コーラに骨が溶ける成分が入っている、というのは本当の話じゃありませんか？ 私はよく子供たちに、コーラは骨が溶けるからたくさん飲まないで、と言っていますよ。
A: そうですか。知りませんでした。
B: あ、でも私も本当の話かどうか、正直言って自信はありませんけどね。

<正解>

1. 1) b 2) b 3) a
2. 1) × 2) ○ 3) ×

付録

UNIT 3
P42

<スクリプト>

1.

A: 今度の夏休みはどうするつもりですか。
B: オーストラリアへ行こうと思っています。
A: へえ、いいですね。バックパック旅行ですか。
B: いえ、親戚の家に行きます。
A: オーストラリアに親戚がいますか。
B: ええ、いとこがオーストラリア人と結婚して住んでいます。
A: 1人で行きますか。
B: いいえ、妹と一緒に行くつもりです。

1) A: 斉藤さん、こんにちは。旅行ですか。
B: ええ、連休なので、家族と一緒に温泉に行こうと思って。
A: そうですか。どこの温泉へ行くつもりですか。
B: 箱根まで行って来ようと思ってます。
A: いいですねえ。お気をつけて。
B: はい、ありがとうございます。

2) A: あ、河合さん。
B: 工藤さん、どうも。あ、それ、何の本ですか。
A: 先週、先生が言っていた哲学の本です。
B: けっこう厚いですけど、全部読むつもりですか。
A: はい、今から図書館に行って、1人でゆっくりと読もうと思っています。

3) A: 吉川さん、この連休、どうしますか。
B: クラブのみんなで海へ行く予定ですが、堀越さんも一緒にどうですか。
A: 海で何をするつもりですか。
B: ビーチバレーでもしようと思っていますけど。
A: いいですね。じゃ、私も一緒に行きます。

2.

A: もしもし、山田さん?
B: あ、先生、すみません。
A: もう9時過ぎましたよ。一体いつ来るつもりですか。
B: 申し訳ありません。道が込んでいて……。

1) A: 伊藤さんは彼女がいますか。
B: いいえ、いません。
A: じゃ、好きな人は?
B: ええ、います。実は来週、その人に告白しようと思っています。
A: そうですか。がんばってくださいね。

2) A: 今、妊娠何ヶ月ですか。
B: 8ヶ月です。11月に出産する予定です。
A: 男の子ですか、女の子ですか。
B: 担当の先生の話によると、女の子だそうです。
A: そうですか。元気な赤ちゃんを産んでくださいね。

3) A: 最近、運動していますか。
B: いいえ、全然。完全に運動不足ですよ。
A: 私もです。それで、来月からジムに通おうと思っていますが、和田さんも一緒にどうですか。
B: ジムですか。いいですね。
A: 一緒にがんばりましょう!

<正解>

1. 1) b, f, i   2) a, e, g   3) b, d, i

2. 1) d　2) b　3) c

UNIT 4　P53

<スクリプト>

A: 遠藤さん、辛いものはだめですよね。
B: いいえ、大丈夫ですよ。
A: あれ？ 前、辛いものは全く食べられないと言っていませんでしたか?
B: そうでしたけど、今は辛いキムチも食べられるようになりました。
A: じゃ、今日のお昼はキムチチゲを食べに行きましょう。

1) A: 智久！ゲームはもうおしまい！
B: 智久君もゲームが好きなんですね。
A: 一日中ゲームばかりで、全然勉強しなくなって困っています。

2) A: 涼子さん、お久しぶりです。
B: あ、真由美さん！ 2年ぶりですね。
A: 涼子さん、2年前に比べてずいぶんやせましたね。
B: ええ、子供を産んでからなかなかやせなくて、がんばってダイエットしました。
A: 何キロやせましたか。
B: 3キロです。おかげで妊娠前のジーパンがはけるようになりましたよ。

3) A: パクさん、お子さんは？
B: 娘は去年結婚して、息子は日本に留学しています。

A: じゃ、食事はいつもご主人と2人ですね。
B: ええ、でも主人も仕事で遅くなるので、最近、あまり料理をしなくなりました。

4) A: いつから調子が悪くなりましたか。
B: 先週から変な音がしていましたが、昨日から完全に動かなくなりました。
A: そうですか。中の部品を取り替える必要がありますが、この洗濯機を買ったのはいつですか。
B: 今年の2月に買いました。

5) A: 林さん、何か運動していますか。
B: はい、1日30分は歩くようにしています。
A: それはいいですね。
B: 前は全く運動していませんでしたが、去年腰が悪くなってから定期的に歩くようになりました。

<正解>

1) b　2) b　3) a　4) b　5) a

UNIT 5　P62

<スクリプト>

A: このかばん、開きませんよ。
B: あ、かぎがかけてありますね。

1) A: 午後のパーティーの用意は全部できましたか。
B: はい、だいたいできました。
A: あ、飲み物がありませんね。ビールは買いませんでしたか。

付録

B: 買いましたよ。もう冷蔵庫に入れて冷やしてあります。

2) A: どこからか冷たい風が入ってきますね。
B: おかしいですね。窓は私が全部閉めましたが。
A: あ、わかった。小野田さん、すみませんが玄関のドアを閉めてきてくださいます？
B: ああ、玄関のドアが開いていて風が入ってきたんですね。

3) A: あれ？ 今日の会議の書類がない……。
B: 京本さん、どうしましたか。
A: 部長、会議の書類、見ませんでしたか。
B: ああ、その書類は会議室にありましたよ。会議室の机の上に置いてあります。

4) A: この教科書、誰のですか。
B: あ、後ろに名前が書いてありますよ。えっと、小林さんのですね。
A: 小林さんはもう家に帰りましたよ。
B: じゃあ、小林さんの机の中に入れておきましょう。

5) A: この箱の中には何が入っていますか。
B: 着なくなった服やはかなくなった靴が入っています。
A: ちょっと見てもいいですか。
B: ええ、どうぞどうぞ。隣の部屋にもまだたくさんありますよ。

6) A: 新しい映画のポスター、どこに貼ってありましたか。
B: デパートの1階に貼ってありましたよ。
A: 封切りはいつですか。

B: 来週の土曜日です。

<正解>

1) e　2) i　3) g　4) a　5) c　6) f

UNIT 6　P73

<スクリプト>

1.

A: 今日は散々な1日でしたよ。
B: どうしてですか。
A: まず朝、寝坊して、バスに乗り遅れてしまいました。それに、朝急いでいたから、今日出すレポートを家に置いてきちゃって。
B: 寝坊したら、バタバタしてよく忘れちゃいますよね。
A: 今回は珍しく、2週間も前から資料を探して仕上げたのに……。あの先生は厳しいから多分減点だと思います。
B: せっかくちゃんと準備してたのに、残念ですね。
A: それから、財布の中に200円しかなかったから、お昼ご飯も食べられなくて。
B: 200円では学食のランチは無理ですね。
A: 夜のバイト先では、転んでお客さんの服を汚してしまいました。
B: あらら……本当に散々な1日でしたね。

2.

A: 山森さんのご主人、何か家事をしますか。
B: ぜーんぜん。何もしません。たまにゴミ出しをするぐらいです。
A: じゃ、子供たちの相手はしますか。
B: それもほとんどしません。子供たちの相手ぐらいはしてほしいと言ったことがありますが、口

では「分かった」と言いながら、実際はしません。

A: そうですか。それじゃあご主人への不満がけっこうありますね。

B: もちろんです。週末はなるべく家族と一緒に過ごしてほしいですね。

A: ご主人、忙しいですか。

B: ええ、週末はほとんどゴルフで、家にいませんね。

<正解>

1. a, b, d, f
2. b, f

UNIT 7　　　　　　　　　　　　　　P82

<スクリプト>

A: 服部さんは、宝くじで1億円当たったら、どうしますか。
B: そうですね……全部、借金を返すのに使うと思います。
A: え、そんなにたくさんの借金があるんですか。
B: ええ、まあ。

1) A: 2週間前からずっと風邪が治りません。
B: あ、じゃあ、これを飲んでみてください。
A: 漢方薬ですか。
B: ええ、私もずっと風邪をひいていましたが、これを飲んだらすぐに治りましたよ。

2) A: 真美さんのご両親は時々韓国に遊びに来ますか。

B: ええ、1年に1度は来ますね。
A: ご両親が遊びに来たら、いつもどんなところへ案内しますか。
B: 父も母も慶州が好きなので、いつも慶州へ連れて行きます。

3) A: バス、なかなか来ませんね。
B: もう20分も待っていますよね。
A: もしあと5分待っても来なかったら、一緒にタクシーに乗って行きませんか。
B: ええ、そうしましょう。

4) A: 石黒さん、来年、結婚するそうですね。おめでとうございます。
B: ありがとうございます。
A: 結婚したら、仕事はどうするつもりですか。
B: 今のところは、結婚しても続けようと思っています。

5) A: 先週の試写会はどうでしたか。
B: それが、仕事で遅くなってしまって、映画館に着いたらもう終わっていました。
A: それは残念でしたね。
B: ええ、彼女も怒って帰ってしまって、大変でした。

6) A: マイクさん、どうしましたか。顔色が悪いですよ。
B: 昨日の夜から体の具合が悪くて。
A: 午後もずっと良くならなかったら、早く帰って家で休んでくださいね。
B: はい、ありがとうございます。

7) A: じゃ、シャンプーします。お湯が熱かったら言ってくださいね。

付録

B: はい。
A: かゆいところ、ありませんか。
B: ええ、ありません。

<正解>

1) a 2) e 3) g 4) h 5) i 6) f 7) d

UNIT 8 P93

<スクリプト>

1.

 A: あの雲、見てください。何かに似ていませんか。
B: あら、羊みたいな雲ですね。

1) A: おはよう。
   B: おはよう。(オウム)
   A: 私、きれい？
   B: 私、きれい？(オウム)
   A: まるで人間みたいに話しますね、このオウム。

2) A: わあ、冷たいですね。どうしましたか。
   B: 初雪が嬉しくて、ずっと雪だるまを作っていました。
   A: 氷のようですよ、星野さんの手。

3) A: 進みませんね。
   B: このままでは、約束の時間に遅れますね。
   A: こんなに込むとは思いませんでした。
   B: 事故でしょうか。まるでラッシュアワーみたいですよ。

4) A: よく食べますね、この馬。

B: 太っていますからね。
A: こんなに食べて大丈夫でしょうか。
B: 馬ですけど、まるで豚のような顔をしていますね。

5) A: リカちゃんの頬、真っ赤ですね。
   B: ほんと、赤くてりんごみたい。
   A: かわいいですね。

2.

 A: 里子さん、何かいいこと、ありましたか。
B: 実は、ハワイ旅行が当たりました！まるで夢を見ているようです！
A: ほんとですか。よかったですね。
B: ええ、大学に合格した時よりも嬉しいです！

1) A: あの人、全然動きませんね。どこか体の具合でも悪いんでしょうか。
   B: 大丈夫ですよ。お酒の飲みすぎですよ。
   A: 死んでいるようにも見えますけど、確かにいびきをかいていますね。
   B: この公園にはよくいますよ。あんな酔っ払いが。

2) A: 最近、あまり食べませんね。
   B: この頃太ってしまって……ダイエットしているんです。
   A: 運動もしていますか。
   B: ええ、毎朝走っています。私、モデルみたいにやせたいんです。

<正解>

1. 1) g 2) f 3) b 4) c 5) e

2. 1) b 2) c

UNIT 9   P102

＜スクリプト＞

1.

A: 森さん、あの黒いサンダルはどうですか。
B: うーん、ちょっとヒールが高すぎませんか。
A: じゃ、運動靴はどうですか。
B: ああ、運動靴なら疲れないからいいですね。そうします。

1) A: 伊藤さん、この帽子、素敵じゃありませんか。
   B: ええ、いいですけど、少し高いですよ。
   A: わ、ほんとだ。じゃ、こっちのベルトか、このワイシャツはどうですか。
   B: ベルトはもう少し太ければいいと思いますけど。でも、このワイシャツはいいですね。
   A: じゃ、今日はワイシャツだけ買うことにします。

2) A: 今日は何を買っていきますか。
   B: ええと、明日の朝食べる卵と牛乳です。
   A: この卵、安いですよ。
   B: でも日付を見てください。ちょっと古いです。卵なら駅前のお店の方が新鮮です。
   A: じゃ、ここでは牛乳だけ買いますか。
   B: ええ、そうしましょう。

3) A: すみません。お見舞いに持っていくならどんなものがいいですか。
   B: お見舞いなら、この果物セットがよく売れていますよ。
   A: わあ、おいしそう。でもけっこう高いですね。
   B: じゃあ、こちらのゼリーの詰め合わせはどうですか。
   A: これ、いくつ入ってますか。
   B: 15個入りです。
   A: じゃ、これにします。

2.

A: 目覚まし時計をそんなに早く合わせて、明日どこへ行きますか。
B: 釣りをしに行きます。早ければ早いほどいいですから。
A: ああ、それで5時に起きるんですね。

1) A: 先生、私の風邪、すぐに治りますか。
   B: ゆっくり休めば、すぐに治りますよ。注射を打っておきますので、今日はゆっくり休んでください。
   A: 分かりました。家に帰って早く寝るようにします。

2) A: 森田さんは会社に行く時、車で行きますか。
   B: いいえ、会社には地下鉄で行きますよ。地下鉄なら20分で着くので。
   A: じゃあ、車はいつ使いますか。
   B: 週末、どこかへ遊びに行く時だけです。

3) A: 渡辺さん、傘がないので、駅まで一緒に乗って行ってもいいですか。
   B: ええ、どうぞ。でも私の車に乗るなら、ルールを守ってくださいね。
   A: ええ、どんなルールですか。
   B: 車に乗る前に靴を脱いでください。

付録

A: え？　靴を？　わ、分かりました。よろしくお願いします。

〈正解〉

1. 1) b　2) d　3) b
2. 1) c　2) e　3) b

UNIT 10　　P113

〈スクリプト〉

例
A: じゃ、失礼します。
B: あ、だめですよ。中に入る時は靴を脱がなければなりません。
A: ああ、日本では靴を脱いで部屋に入るんですね。
B: ええ。これからは気をつけてくださいね。
A: はい、分かりました。

1) A: じゃ、出発しますよ。後ろの人もシートベルトを締めてくださいね。
   B: え？　後ろに座ってる人もですか？
   A: ええ、日本では、後ろに座っている人もシートベルトを締めなければならないことになっています。
   B: 締めていなかったらどうなりますか。
   A: 罰金を払わなければなりません。
   B: うわあ、厳しいですね。

2) A: 清水さん、今でもまだ節約しているんですか。
   B: ええ、マイホームを手に入れるまでは、一生懸命節約して貯金しないといけません。
   A: そんなことを言っていたら、おばあさんになるまで人生を楽しめませんよ。
   B: 私は節約するのが楽しいんです。

3) A: あなた、明日のゴルフは何時に出かけるの？
   B: そうだな、家を朝6時には出ないといけないな。
   A: そんなに早く？
   B: 7時20分スタートだから7時に集まることになっているんだ。2時までには帰ってくると思うよ。
   A: ゴルフも大変ねえ。

4) A: そろそろ新年に向けて、少しずつ掃除をしないといけませんね。
   B: 小泉さん、毎年大掃除していますか。
   A: ええ。
   B: 今年は小さいお子さんもいて大変じゃないですか。そんなに頑張って掃除しなくてもいいと思いますよ。
   A: そうしたいですけど、もう習慣になってしまって……。

5) A: 最近お腹にお肉がついてきちゃったわ。意識して運動しないと。
   B: 典子さんは運動しなくてもいいですよ。しないといけないのはご主人の方です。
   A: 主人はジムに通っていますけど。
   B: そうなんですか。でもあのお腹は要注意ですよ。
   A: 多分、夜の接待で飲むお酒が問題でしょうね。

〈正解〉

1) a　2) b　3) b　4) a　5) b

지은이 소개

● 元美鈴 (Won Mi Ryong)

[学歴]
- 韓国外国語大学 日文日語課 博士課程 在学中
- 韓国外国語大学 教育大学院 日本語教育 修士
- 韓国外国語大学 日本語課 卒業

[職歴]
- (現) EBS教育放送ラジオ「中級日本語」進行及び教材執筆
- (現) 梨花女子大学校 言語教育院 講師
- (前) CHA医科大学(CHA University) 講師

[著書]
- 『달달 외우는 일본어 단어장』
- 『J-pop도 듣고 일본어도 배우고』
- 『일본어 첫걸음 모질게 끝내기』
- 『3重チェック日本語単語帳』
- 『日本語会話表現辞典』
- 『すらすら日本語』(入門·初·中·高級)
- 『ワクワク21シリーズ』(初·中·高級)
- 『일본어를 잡아라』(日本語入門書)

● 小出亜弥 (Koide Aya)

[学歴]
- 東義大学校 一般大学院 日語日文学科 博士課程単位取得
- 慶尚大学校 教育大学院 日語教育学科 卒業
- 日本 南山大学 外国語学部 日本語学科 卒業

[職歴]
- (前) 東釜山大学 専任講師
- (前) 梨花女子大学校 言語教育院 講師
- (前) 東明大学校 専任講師